パリ2024
オリンピック・
パラリンピック

写真：フォート・キシモト

パリ 2024 オリンピックは、2024 年 7 月 26 日から 8 月 11 日までの 17 日間、フランスのパリを中心として開催された。

体操の男子団体で日本が２大会ぶりの金メダルを獲得。

フェンシング女子サーブル団体で日本が銅メダルを獲得。日本がサーブルでメダルを獲得するのは初。

女子やり投げ決勝で北口榛花選手が 65m80cm をマークし、金メダルを獲得した。

レスリングで日本は金 8 個（男子グレコローマン 2、女子 4、男子フリースタイル 2）を獲得。

パリ 2024 パラリンピックは、2024 年 8 月 28 日から 9 月 8 日までの 12 日間、フランスのパリで開催された。

車いすテニス男子シングルスで小田凱人選手が金メダルを獲得した。

女子マラソン（視覚障害 T12）で道下美里選手が 3 大会連続のメダルとなる銅メダルを獲得。

現代スポーツ評論 51
Contemporary Sports Critique

［特集］
地域スポーツの現在

現代スポーツ評論51

目次

［特集］地域スポーツの現在

主張

地域スポーツの現在を問う

石坂友司

近年、学校部活動の機能・役割を地域へと移行しようとする、いわゆる部活動の地域移行をめぐる議論が活発化している。２０２２年に出された「部活動の地域移行に関する検討会議」の提言などを受けて、中学校における休日の部活動は２０２３年度から２０２５年度末を目途に段階的に地域に移行することが政策的に推進されている。そこには学校と地域との連携、協働の推進がうたわれているが、そもそも受け皿と期待されている地域のスポーツクラブ、スポーツ環境はどのように整備されているのだろうか。

戦後、地域スポーツにはさまざまな期待が託されてきたが、１９９５年に当時の文部省が始めた「総合型地域スポーツクラブ育成モデル事業」（以後、「育成モデル事業」）、２０００年の「スポーツ振興基本計画」（以後、「基本計画」）の策定は現在へとつながる大きな転機となった。「基本計画」では全国の市区町村において少なくとも一つは総合型地域スポーツクラブ（以後、総合型クラブ）を育成することが目標に掲げられ、現在では全国で8割を超える育成率を達成している。

総合型クラブの取り組みが一定の成果を生み出したと考えられる一方で、既存組織の組み替えや統合に終わってしまった事例や、行政によるサポートが受けられなくなり、かえって行き詰まってしまった事例なども観測される。「育成モデル事業」からおよそ30年が経過し、地域スポーツの重要性が高まっている今、これらの取り組みがどのような成果や課題を生み出してきたのかを改めて振り返っておくことが必要であろう。声高に叫ばれたクラブのミッションは近年では耳にすることが少なくなった。それはクラブが地域課題に対応した安定的な活動を続けることができている証左なのか、それとも愛好者に限定されたアソシエーション的活動になってしまったためなのだろうか。

１９９３年に地域密着を掲げたＪリーグの誕生以降は、本誌で中心的にとりあげる総合型クラブにとどまらず、さまざまなプロスポーツが地域密着の形態に力を入れ始めるなど、地域とスポーツクラブの関係性は変化を遂げてきている（木田ほか編、２０１３：松橋・高岡編、２０１９）。また、近年ではスポーツコミッションの創設といった自治体と産業界などをつなぐ試みも提唱されるようになった（原田、２０２０：木田編、２０２２）。加えて、部活動の地域移行に関する議論は、受け皿としてのスポーツクラブや地域スポーツ環境の整備を必要とするだけではなく、学校や地域、企業などのさまざまな主体が協働して、新たなクラブ作りを模索する状況を生み出し始めてもいる。本稿では戦後の地域スポーツ政策の動向を概観しながら、総合型クラブ創設の評価について、部活動の地域移行を視野に入れて議論していきたい。

地域スポーツの定義

本誌のテーマに掲げた「地域スポーツ」を定義するのは案外難しい。全国各地、それぞれの地域で行われているスポーツという意味では総合型クラブだけではなく、スポーツ少年団や単独種目のスポーツクラブ、プロスポーツなども含まれる。ここでは１９７０年代に登場したコミュニティ・スポーツからの系譜に注目するため、やや古いものとなるが、厨義弘が掲げた『地域社会』（コミュニティ）において、そこに住んでいる人々が自発的にしかも継続的に展開するスポーツ活動とこれに対する社会的援助を総称する言葉」（厨、１９７７、１７４頁）という定義から始めてみたい。

学問的に見れば、コミュニティ・スポーツ論の登場以降、地域とスポーツの関係性をとらえるさまざまな定義付けや議論が体育/スポーツ社会学などを中心に行われてきた。そこで指摘されているように、スポーツクラブに地域の活性化やコミュニティの形成を期待する政策的文脈が存在し、それがコミュニテイ・スポーツや総合型クラブの創設につながってきた(1)。本稿ではこの文脈を軸に議論を展開する。

社会体育からコミュニティ・スポーツの登場まで

戦後まもなく、学校体育との対比で社会体育という言葉が使われてきた時代がある。学校ではない場所で行われるスポーツ(およびレクリエーション)が地域スポーツという言葉の源泉となった。文部省は「社会体育は、学校体育に対することばで、学校がその計画に従って行なう体育活動を除いた、その他のすべての体育活動である」と定義している(文部省、1960、1頁)。ここでの体育という言葉は文字通りの学校「体育」を示すのではなく、スポーツ、レクリエーションというお互いに重なりをもつ言葉の中で輪郭が示される言葉であり、運動によって個人や社会を望ましい方向に変えようとするはたらき(この運動の大きな部分をスポーツが占める)とされた(2)。

1970年代以降、都市化や核家族化などにより人間関係が希薄になったことが社会的に問題視される中、スポーツはコミュニティ形成に役立つ(べき)とする発想が政策的意図をもって語られるようになった(関、1997)。1969年の経済企画庁国民生活審議会コミュニティ問題小委員会が、報告書『コミュニティ:生活の場における人間性の回復』の中でコミュニティという概念を登場させ、「コミュニティ・スポーツの振興」が目指されるようになった(経済企画庁編、1973)。高田昭彦が指摘するように、ここでのコミュニティは行政が作り出そうとした政治的目標、すなわち当為のものであり、「人々が普通に生活する場所や地域に自然発生的に生まれてくる相互扶助的な概念」ではない(高田、2016)。

園部雅久は都市における社会目標とされたコミュニティを二つに区別し、「近隣レベルで、住民相互の交流をはかり、…住民相互の連帯感が昂揚し、心の触れ合いのある統合された地域社会が形成できる」とする親交的コミュニティと、「共通生活問題の共同処理を、適切な範囲と領域で、住民自らの相互扶助ないし共助によって解決」していく自治的コミュニティを区別した（園部、1984、322－327頁）。その上で、親交的コミュニティの形成が目標とされ、その結果として自治的コミュニティが発展・形成されるとする仮説に基づいてモデル事業が展開されていることに園部は疑問を呈している。

コミュニティ・スポーツのモデル事業として有名なのは、スポーツ教室の開設を手立てとして自主グループの組織化と育成を図る三鷹方式と呼ばれるもので、「スポーツ教室からクラブへ」をテーゼとした地域スポーツ振興策が展開された。尾崎正峰によれば、「コミュニティ形成と地域スポーツ振興」の二つを目指した三鷹方式は、住民の自治と自主性を重視し、地域の特質を勘案しながら市民の健康的で豊かな生活の実現を目指す活動を促し支えるという点で全国に広がる成果を生み出した（尾崎、2018、136頁）。

しかしながら、スポーツを通したコミュニティの創設、地方自治体による施設の整備が両輪で回ることにこの政策の意義があったものの、国の社会体育施設整備費補助金は1982年を頂点に減少の一途をたどった。また、1980年代には政府の民営化路線によって受益者負担の考えが広まると、商業主義路線へと転換しながら民間スポーツクラブの創設が促進され、生涯スポーツの考え方が新たに登場するなど、看板が掛け替えられた。1970年代から2000年代につながる地域スポーツの流れをここで概括する余裕はないが、再び地域スポーツへの政策的注目が行われたのが総合型クラブ創設の動きである。

総合型地域スポーツクラブの創設

1995年の「育成モデル事業」、それに続く「基本計画」の策定は地域スポーツをめぐる新たな潮流を形づくった。文部省のモデル事業は、地域コミュニティの役割を担うスポーツクラブ作りを再び目的に掲げ、（1）子どもから高齢者まで（多世代）、（2）様々なスポーツを愛好する人々が（多種目）、（3）初心者からトップレベルまで、それぞれの志向・レベルに合わせて参加できる（多志向）という特徴を持ち、地域住民により自主的・主体的に運営される身近な地域でスポーツに親しむことのできる新しいタイプのスポーツクラブを提唱した（文部科学省、2010）。そして、「スポーツ振興法」（1961年）の施行から40年を経て作られた「基本計画」によって、全国の市区町村に総合型クラブの創設が目指されたのである。

地域独自のミッションとビジョンを掲げた総合型クラブは、スポーツ実施率の向上やコミュニティの再構築、地域におけるさまざまな課題の解決などを託された。前述の園部の言葉を借りれば、親交的コミュニティの形成を手段としながら、自治的コミュニティの創設を同時に目指そうとしたものと言える(3)。では、総合型クラブはどのような成果や課題を生み出してきたのであろうか。

スポーツ庁は毎年『総合型地域スポーツクラブに関する実態調査』（以後、『実態調査』）を実施している（スポーツ庁、２０２３）(4)。２０２３年度の結果を見ると、総合型クラブの創設数は３４１４で、２０１９年度の３４６１を頂点に漸減傾向にある。クラブ数が頭打ちになっている現状とも関係するが、２０１７年に策定された文部科学省の「第2期スポーツ基本計画」では、「クラブ数の量的拡大から質的な充実により重点を移して施策を推進する」ことへの転換が図られている（文部科学省、２０１７、13頁）。

総合型クラブの創設数を都道府県別に見ると、圧倒的に多いのは兵庫県の７５５クラブ（全国の約5分の1にあたる）で、2位の東京都（１５６クラブ）を大きく引き離している。これは本誌の常行論文が神戸市の事例を中心に分析しているように、２０００年に開始された全小学校区にクラブを設置する支援事業「スポーツクラブ21ひょうご」によるものである。２０１９年に改訂されたガイドラインを見ると、継続的運営が困難となっているクラブが発生している構造的課題や、クラブの統廃合の可能性が示されている（スポーツクラブ21ひょうご、２０１９）。兵庫県のような総合型クラブの先進地とされた地域や、文部科学省、日本スポーツ協会（旧日本体育協会）がモデル事業に指定したクラブや拠点のその後を検証することで、その成否を明らかにすることができる。本誌では、座談会で大分県のＮスポーツクラブを事例にクラブの発展とその後の展望について聞くとともに、日本スポーツ協会の地域スポーツ振興の取り組みについては奈良論文が明らかにしている。

『実態調査』から読み取れる評価

『実態調査』(5)の結果に戻ると、クラブの現在の課題としては、「クラブ運営を担う人材の世代交代・後継者確保」(72・3%)、「指導者の確保」(56・2%)、「会費・参加費など受益者負担による財源確保」(44・0%)が上位に来ていて、クラブの持続性には課題が見られる。クラブの会費徴収平均額は1164円で、千円より高い金額を設定しているクラブの割合は30・3%にしか過ぎない。クラブの予算規模が一千万円を超えるクラブは20・8%にとどまっていて、百万円以下のクラブが36・9%と脆弱な運営体制であることがうかがえる。

クラブの設立効果については、「地域住民のスポーツ参加機会増加」(61・2%)、「地域住民の交流が活性化」(58・1%)、「元気な高齢者の増加」(46・8%)となっている一方で、「地域が活性化」したという回答が23・5%、「地域住民が健康になった」(19・3%)となっていて、総合型クラブの一丁目一番地とも言える「地域活性化」にさほど効果は出ていないとクラブ側が認識していることがわかる。また、「市区町村行政に総合型クラブに対する理解がある」(50・2%)、「市区町村との連携体制が整っている」(42・3%)という数字に対し、「地域課題解決のための方策等について市区町村行政と連携して事業を実施」している(17・3%)の低さからは、行政との関係作りはある程度できているものの、地域課題の解決に向けた取り組みは共有できていない実態が浮かび上がる。

現状の総合型クラブの動向に対して、説得的な分析を提供しているのが高田である。高田はロバート・マッキーヴァーの概念を下敷きにして、コミュニティを「一定の地理的範域の中で、共同の関心をもった人々が共同して生活し、自分たちの生活全体を充足させている一つのまとまり」とし、共同性、包括性、統一性、地域性とコミュニティ感情があることと述べている。これに対して、コミュニティの中で必要なさまざまな社会的機能を充足させているもの、すなわち、「共同の関心や目的をもって集まり、自分たちの欲求を充足しようとする一つの組織体」をアソシエーションとしてとらえ、コミュニティとは明確に区別をした(高田、2016、9頁)。このとき、コミュニティは、数多くのアソシエーションを通してその奥に現れてくる、確固とした実体としてはとらえられないものであるとされる。高田は、総合型クラブの多くがスポーツ活動への共同の関心、あるいはスポーツ活動をやりたいとする共同目的に基づいて作られた組織であり、地域スポーツを担うアソシエーションにとどまっている可能性を指摘する。そして、武蔵野市でコミュニティ・センター構想を支えてきた経験（高田、2016）から、地域にはスポーツに限定されない「地域づくりを目的」とした多様なアソシエーションが存在することを認め、それらと協働、協力して地域の諸問題に取り組めば良いと提案している（高田、2018）。

もちろんこのような形で地域の諸課題に取り組んでいる総合型クラブは多少なりとも存在するだろう。そのため、筆者は総合型クラブの創設という政策的目標が、地域課題を解決するコミュニティの再認識へと向けられたこと自体は意味のあることだったと考えている。しかしながら、そのコミュニティとは何かを問うことは十分ではなく、あくまでもトップダウン型で示された政策目標にとどまってきた。『実態調査』の数字をもう一度見てみよう。クラブの設立効果で示したように、地域には住民の交流が起こり、元気な高齢者は確かに増えている。すなわちアソシエーションとしてのクラブは十分に機能しているのである。しかしながら、そのことが地域活性化や地域課題の解決に向けた評価へつながっていないことは、アソシエーションとしての機能をコミュニティと同一視して、総合型クラブの創設だけで地域課題が解消できるとしたことに原因があるのではないだろうか。ここにはコミュニティ・スポーツが陥ったのと同様の行き詰まりがある。数年前、とある総合型クラブを訪れた筆者に、「総合型」という言葉で全てのクラブをひとくくりにしたことが失敗の原因ではないかと指摘したクラブ代表の言葉が思い出される。

2015年に文部科学省は「今後の地域スポーツ推進体制の在り方に関する有識者会議」を開いて提言をまとめ、「地域スポーツはこれまで、子供から高齢者に至る誰もが日常的にスポーツに親しむことができる環境を提供し、スポーツによる精神的充足感や楽しさ、喜びをもたらし、心身の健全な発達を促すとともに、人、情報、地域の交流による地域コミュニティの活性化に大きな役割を果たしてきた」（今後の地域スポーツ推進体制の在り方に関する有識者会議、2015、1頁）と評価したが、ここでもコミュニティとは何かは具体的に語られないままである。一方で、地域スポーツを担うアクターとしては依然として総合型クラブが想定されているものの、新たなプラットフォームとして、「スポーツ活動とスポーツ以外の活動を同じ空間内で実施する取組」「スポーツ以外のコミュニティが、スポーツコミュニティとしても発展し、より豊かな地域コミュニティの形成につながる」ことなどが追記された（同上、6-7頁）。

学校部活動の地域移行をめぐる動向

冒頭に示したように、「部活動の地域移行に関する検討会議」の提言などを受けて、中学校における休日の部活動は段階的に地域に移行することが政策的に進められている。学校部活動の維持が限界に達し、改革が必要なことは認めるにしても、その受け皿として地域スポーツが言及されるのを見るとき、行政がトップダウンで地域スポーツに過剰な役割を期待してきた歴史がまた繰り返されていることがわかる。

前節で見たスポーツ庁の『実態調査』によると、総合型クラブの中で、休日の部活動の地域移行の実施主体になり得る（現在担っている、今後担う予定である、担いたいと考えている）と回答したクラブの割合は43・5％でしかなく、担うことを考えていないが43・6％となった。学校との関係構築については、「学校の行事への協力」をしている（24・9％）、「部活動の実施主体として子供たちを受けいれている」（10・2％）、「クラブから学校運動部活動（中学・高校）への外部指導者の派遣等の実施」をしている（8・8％）といずれも低い数字に止まっていて、これまで関係構築は進んでいない実態が伺える。このように、総合型クラブに関して言えば、学校教育が果たしてきた部活動（6）の機能をそのまま受け止めることには無理がある。本誌の小島論文や有山論文が指摘するように、受け皿として地域スポーツへの移行を語るだけでは部活動の単純な外部化にとどまる恐れがあり、その先にあるスポーツ環境の変革を見通すことはできない。なお、民間の業者を利用して部活動の外部化が行われている事例として、本誌の安江・來田論文が名古屋市における小学校での状況を報告しているが、地域スポーツとは違った方向性で地域移行が始められてもいる。

おわりに

本稿では地域スポーツに向けられ続けた行政による過剰な期待の系譜をたどりながら、再びトップダウンで展開される部活動の地域移行という課題によって、学校と地域の接点が意図的につくり出されている現状を見てきた。この点は本誌の小林論文、小島論文がそれぞれソーシャル・キャピタル、「地域の論理」を軸に的確に整理し、考察を加えている。総合型クラブが担わされてきたコミュニティの創出という理念や目的からすれば、現状の部活動の地域移行の語られ方は大きな齟齬を来している。また、創設の理念すらすべてのクラブで実現することが難しい現状では、総合型クラブという分類で画一的に論じることはもはや不可能である。

一方で、本誌の植田論文、有山論文が紹介しているように、部活動の地域移行が一つのきっかけとなって、地域の文脈や実状に即して内発的に展開されてきたスポーツクラブを再評価する視点が導出されているほか、学校を含めた地域住民とクラブの関係性を改めて組み替えようとする活動もいくつか起き始めている。この点はポジティブに語りうることができるだろう。そして、アソシエーションとしての地域スポーツクラブの価値を再確認した上で、地域の特性を踏まえ、地域にある多様なクラブ、組織などの連携を視野に入れてコミュニティについて考えなおすことが今後必要になるのではないだろうか。

座談会でNスポーツクラブの森理事長が語るように、クラブが成長するためには地域の人々が支えたいと感じる理念と仕組みが必要である。それは単独のスポーツクラブである必要はなく、学校部活動の在り方を含めて地域の教育力を下支えする方法を皆で考えていくことで成し遂げられるはずである。そのための地域スポーツの調査研究、実践は70年代の研究群と比較しても質量ともに圧倒的に足りていない。本誌の特集が今後の議論を深めていく上で一助になれば幸いである。

（奈良女子大学）

【注】

(1) 地域スポーツに関する研究の展開・蓄積については、本誌に寄稿している小島大輔、小林勉などの詳細なレビューがあるためそちらを参照いただきたい（小島、２０２２：小林、２０１３：松村、１９９３など）。また、地域スポーツは地理的な範域をどのように設定するのかによっても議論が異なる。例えば大都市と住民の少ない地域ではクラブ運営の仕方や目指すべき課題にも違いが生じる。

(2) ここでは行政のとらえ方を知るため、あえて文部省の定義を紹介した。

(3) 本誌の植田論文が示しているように、実際の地域での活動においては、この二つの概念は明確に切り分けられるものでもない。

(4) ２０２３年度は全国３２７１クラブに対して調査が行われ、回答率は57・6％であった。

(5) 以後に見る『実態調査』回答の結果はすべて複数回答によるものである。

(6) 部活動が果たしてきた文化・社会的意義を地域移行の問題とし

て考える視角については石坂（２０２４）で論じた。

【文献】

原田宗彦（２０２０）『スポーツ地域マネジメント：持続可能なまちづくりに向けた課題と戦略』学芸出版社。

兵庫県（２０１８）『スポーツクラブ21ひょうご事業推進のためのガイドライン（平成30年改訂版）』。

石坂友司（２０２４）「特集のねらい」『年報　体育社会学』第5号、11‐12頁。

木田悟・髙橋義雄・藤口光紀編（２０１３）『スポーツで地域を拓く』東京大学出版会。

木田悟編（２０２２）『スポーツで地域を動かす』東京大学出版会。

経済企画庁編（１９７３）『経済社会基本計画：活力ある福祉社会のために』大蔵省印刷局。

今後の地域スポーツ推進体制の在り方に関する有識者会議（２０１５）『今後の地域スポーツの推進方策に関する提言』。

小島大輔（２０２２）「スポーツまちづくりにおける研究課題：スポーツの地域資源化と『つかうスポーツ』」大阪成蹊大学スポーツイノベーション研究所編『スポーツとまちづくりのイノベーション』創文企画、7‐30頁。

小林勉（２０１３）『地域活性化のポリティクス：スポーツよる地域構想の現実』中央大学出版部。

厨義弘（１９７７）「地域社会とスポーツ」平澤薫・粂野豊編『生涯スポーツ：幼児・児童・青年・成人・高齢者のための』プレスギムナスチカ、１６７‐１９５頁。

松橋崇史・高岡敦史編（２０１９）『スポーツまちづくりの教科書』青弓社。

松村和則（１９９３）『地域づくりのスポーツの社会学』道和書院。

水上博司・谷口勇一・浜田雄介・迫俊道・荒井貞光（２０２０）『スポーツクラブの社会学』青弓社。

文部科学省（２０１０）「総合型地域スポーツクラブ育成マニュアル」、文部科学省ホームページ（２０２４年10月12日取得、https://www.mext.go.jp/a_menu/sports/club/main3_a7.htm）。

文部科学省（２０１７）『スポーツ基本計画』。

文部省（１９６０）『社会体育：考え方・進め方』教育出版。

尾崎正峰（２０１８）「背中合わせのオリンピックと地域スポーツ」石坂友司・松林秀樹編『一九六四年東京オリンピックは何を生んだのか』青弓社、１２０‐１４７頁。

関春南（１９９７）『戦後日本のスポーツ政策：その構造と展開』大修館書店。

園部雅久（１９８４）「コミュニティの現実性と可能性」鈴木広・倉沢進編『都市社会学』アカデミア出版会、３１５‐３４２頁。

スポーツ庁（２０２３）『令和5年度総合型地域スポーツクラブに関する実態調査結果　概要』。

スポーツクラブ21ひょうご（２０１９）『スポーツクラブ21ひょうご事業推進のためのガイドライン：持続可能なクラブ運営に向けて（平成31年改訂版）』。

高田昭彦（２０１６）『政策としてのコミュニティ：武蔵野市にみる市民と行政のパートナーシップ』風間書房。

高田昭彦（２０１８）「地域スポーツの〝地域（コミュニティ）〟とは何か？：コミュニティづくりにおけるスポーツの役割」『成蹊大学文学部紀要』第53号、99‐１２３頁。

山口泰雄（２００６）『地域を変えた総合型地域スポーツクラブ』大修館書店。

座談会　地域スポーツの現在とこれから

【出席者】

森　慎一郎　総合型地域スポーツクラブＮスポーツクラブ・NPO法人七瀬の里Ｎクラブ理事長

有山　篤利　追手門学院大学教授

石坂　友司　奈良女子大学教授

2024年10月1日
zoomにて開催

石坂　本日は大分県野津原（のつはる）にあるＮＰＯ法人七瀬の里Ｎクラブで理事長をされている森慎一郎さんにお越しいただき、「地域スポーツの現在とこれから」というテーマでお話しを伺っていこうと思います。野津原地区にあるＮスポーツクラブは、理事長の森さんによって２年間の準備期間を経て２００４年４月に設立されました。日本スポーツ協会（前・日本体育協会）が作成した『総合型地域スポーツクラブのある町』というＤＶＤではモデルケースの一つとして取り上げられ、注目されてきました。この動画はＮスポーツクラブのホームページ（https://nspo-oita.com/）や、日本スポーツ協会のホームページでご覧いただくことができます。２０００年に文部科学省が「スポーツ振興基本計画」で掲げた、総合型地域スポーツクラブを全国の自治体に一つ以上は創設するという施策とともに歩んできたクラブでもあります。

森さんは元々学校の教員をされていて、現在進行中の中学校部活動を地域のクラブに移行していこうという施策に対して、教員、クラブ理事長の両方の立場から俯瞰できる存在でもあります。また、本誌特集のテーマの一つでもある、総合型地域スポーツクラブの評価を行うことに際して、Ｎスポーツクラブがどのような道のりを歩んできたのか、そして後ほどお話しいただくように、現在も新たな挑戦を続けられていることが「地域スポーツの現在」を考える上では参考になるのではないかと考えています。

対談相手は本誌の責任編集をつとめます私、奈良女子大学の石坂と、本誌でも原稿を執筆されていて、日本におけるスポーツ発展の文化的側面について研究されている、追手門学院大学の有山篤利先生に加わっていただきます。有山先生は中学校部活動のいわゆる地域移行にも詳しく、地域スポーツクラブの創設にも関わっておられます。昨年末に高松平蔵さんとの共編著で『スポーツを地域のエンジンにする作戦会議』という書籍を刊行しています。

有山　よろしくお願いします。私も元々高校の教員で、教育委員会にいた時は、ちょうど総合型地域スポーツクラブの創設の時期でしたので、その立ち上げには色々と関わっておりました。専門は武道で、主にスポーツ文化やスポーツ教育について研究しています。

石坂　今日はこれまでのNスポーツクラブの歩み、そして、今後の地域スポーツの展開という二つの柱でお話を伺いたいと思いますが、まずNスポーツクラブの立ち上げと現在の活動についてお話を伺っていこうと思います。会員数や主な活動内容、予算規模など、現在のクラブの概要をお話いただけますでしょうか。

Nスポーツクラブの活動について

森　Nスポーツクラブで理事長をしています森です。本日はよろしくお願いします。クラブの会員数ですが、昨年3月の時点で会員数が555人、そのうち子ども（幼児～高校生）の会員が266人です。高校生は2、3人ですが。高齢者は78人で、最盛期は180人がいましたがコロナ禍で減ってしまいました。コロナ禍の前は高齢者教室を週に2～3回開いて、クラブハウスにある食堂でご飯を食べて帰るという活動もしていました。今回のコロナ禍でわかったのは、高齢者は一度辞めてしまうとなかなか復活が難しいということです。子どもに関しては、国民スポーツ大会（旧国体）やインターハイ、甲子園など、高校部活動に舞台は移しますが戻ってくることもあります。

クラブの日常的な活動としては、小学生はバレーボール、テニス、空手、陸上、バスケットボール、サッカー、いろいろな種目をやるレインボー教室の7種目、8個のスクール、サークルがあります。中学生は硬式野球とテニスがあり、陸上にも入っています。

少し前、県から「森さん、この2年間のうちに野津原中学校部活動をNクラブに全て移してください」という依頼がありました。1年目は部活動とクラブという両輪でやったのですが、バレーボール、バスケットボール部の新入生の入部者はゼロでした。そこでアンケートをとったところ、バドミントンと卓球に人気があったので、Nクラブとしてバドミントン部を起こしました。そうしたら一気にまとめて入ってきて、今は部員数が30人ぐらいいます。全校生徒が50、60人なので、相当な確率ですね。それは、野津原中学校の先生の中に「バドミントンが得意です。私がNスポの指導者としてやります」

と言って、指導者としてやってくれたからです。私もたまに指導に顔を出していましたが、そのうち野津原中学校の先生たちの中から、「それでは部活動と一緒じゃないか」「もう部活動に戻してください」という訴えが校長にいきました。校長から「森さんの言うこともわかるし、こうやってせっかくクラブ化してくれたけれども、先生方から訴えがあるので戻してくれないか」という話がありました。その先生も数年後には転勤が決まっているので、いなくなったらどうするのかなとの思いもあったのですが、もともと子どもの幸せのためにやっている事だし、部活でやっても子どもにとっては変わらないし、親も負担が少ないので、それでいいなと思いました。ただ、車で1時間ぐらいかかるところでバドミントン大会があるのですが、その時は私が送迎をします。もちろん燃料費や謝金はもらっていますが、バドミントン部員はクラブ会員にはなっていません。硬式テニスは一応存在していますが休部というか、いつでも入ってこられるように残してあります。硬式野球クラブ、陸上クラブには野津原中学校の生徒もいます。成人の活動としては、ソフトバレー、テニス、フォークダンス…それぐらいかな。これもコロナ禍でだいぶ減りました。フォークダンスは高齢の女性が多いですね。二つあった高齢者の教室がなくなって、今はグラウンドゴルフの地域サークルが三つぐらい入っていますね。それから個人会員でフィットネス健康器具を曜日によって使う人が何人かいて、今後さらに増えてくると思います。

事業費は昨年度の決算額で見ると、Nクラブのスポーツだけで言えば、子どもたちのサークルの会費が約1500万円、補助金等もありますので総計で2700万円でした。それから大分市営の宿泊施設宇曽山荘の指定管理を受けているので、その収入が3700万円です。この宇曽山荘の売り上げをNクラブに持ってくるということはできませんが、バスを兼用する、職員がNクラブで5万円、宇曽山荘の仕事で10万円をもらうというような人材の活用はできていると思っています。宇曽山荘の売上は指定管理料が約700万円、テニスコート貸し出しの売り上げが600万円、あとは宴会、合宿宿泊などがあり計3700万円、Nクラブの本体事業2700万円と宇曽山荘の3700万円でNPO法人七瀬の里Nクラブの決算額は6400万円が1年間の事業費です。

野津原町の人口は今4700人ですが、平成17（2005）年に大分市と合併した当時は5700人でしたので、そこから1000人ほど減っています。私が小さい頃はお盆の軟式野球大会がありました。当時はプロ野球や甲子園など日本が野球で盛り上がって

〈座談会出席者〉
森慎一郎氏（左上）
有山篤利氏（左下）
石坂友司（右）

いた時期で、昭和25（１９５０）年に野津原町でも8月13～15日のお盆の時期に野球大会が始まりました。お盆に帰省された方も参加して、私も小学校の頃から参加していて、言ってみれば、地域スポーツですね。試合が終わったあとの打ち上げで大人はお酒を飲んだり、子どもたちはオレンジジュースを飲んだりして、そこで大人と小学生や中学生が知り合ったりする。私の生活の中では大きなものでした。父が世話をしていました。それから昭和40年代後半か50年代ぐらいから6月にはナイターソフトボール大会、9月にはバレーボール大会が始まりました。当時自治体がスポーツを通しながらイベントをしていまして、これらは高度成長期が終わり、余裕ができてスポーツをしようという時代にできた大会ですね。12月には小学生、中学生、一般の人が入った駅伝大会。これらは全て地区対抗です。地区にはスポーツの役員がいて、その人が働きかけて人を集めて大会に出る。3月には3世代グランドゴルフ大会もあり、これらが大きな大会で、野津原町の職員が社会体育としてやっていたのですが、合併したことにより、地区にはスポーツ振興関係の職員はいなくなりました。全て合併して本庁の方に行ったのですが、本庁にはスポーツ振興課の職員は10人もいない。市町村合併によって大会は相当なくなっていると思いますが、うちはNクラブがあったから、全てを引き継ぎました。そういう地域行事が主に５大会あって、市から体育協会の名前で予算をもらい、それをNクラブが主催していくという関係性を持っています。約50万円の補助金が出て、各自治区から参加料を半分ぐらいもらうので約80万から１００万円のイベントをやっていましたが、これらもコロナ禍で全てが中止され、復活は難しいですね。

野津原地区が抱えていた課題

石坂　まとめていただきありがとうございます。お盆の野球大会や様々なスポーツイベントを通じて地域の人々とつながるということを森さん自身が小学生のときから体験されてきて、そういうものを何とか継続しようと思われたのですね。市町村合併があった２００５年頃を思い返していただくと、野津原地区が抱えていた地域独自の課題にはどのようなものがありましたでしょうか。また、総合型クラブを作ろうというときに、それをどのようなかたちで解決しようと構想されていったのか。そのあたりをお話しいただけますでしょうか。

森　学校現場にいたので全体的なまちの課題まではつかみきれていなかったですね。子どもの頃は野球が好きだったんです。小学校のころ、大分商業高校が甲子園の選抜大会に出て広島商業に勝ちました。そういう試合を見ながら野球をやりたいと思っていましたが、地元に少年野球団はありませんでした。当時、小学校の担任の先生が大学時代にサッカーをしていたので、週末にサッカーの指導者が来て、運動が好きだったので私もサッカーをしました。中学校では野球をしたいと思っていたのですが、中学校にも野球部がなく、サッカー部しかありませんでした。昔は野球部があったのですが、ある先生が野球部を潰してサッカー部を作った。私が入る頃にはその先生はもういなくて、残されたサッカー部には顧問がいませんでした。中体連の大会などがあるときだけ他の先生が出てくる。先生は一切言いませんでしたが、自分たちは「全国大会に出場しよう」とかそれなりに目標を持っていました。あれは大きな経験だったと思うけれど、やはり指導力がなかったので、やりたいときはやるけれどあまり真剣にやらないとか、みんなの中で温度差はありました。そして、やはり野球はやりたいと思っていました。田舎だからとか、育った場所や先生によって、その子が持っていた夢を諦めざるを得ないようなことは、野津原の人間としてはしたくはない。私の中では、田舎だとか人口が少ないからといって、スポーツができることの可能性を狭める、なくすということはしたくないという問題意識がクラブ作りにつながっています。

野津原は大分市から車で20～30分のベッドタウンです。買い物にも行けるし、そこまで田舎でもないので、おそらく住んでいる人は地域課題というのはあまり感じていない。ただ、子どもの人口は少ない。私が中学校の担任をした頃は2クラスあって、一学年80人ぐらい、全体で２４０人ぐらいいましたが、転勤するまでの7年間で１００人を切ってしまいました。少子化の波は人口減以上に早かったですね。そうなると部活の数はどんどん減っていきます。職員会議の議題は「今年は何を減らすか」「この部の募集を停止しようか」という話ばかりで、前向きな話はなかった。スポーツ部活動に関しては好きな先生が真剣にやるだけで、全体としてスポーツを振興していこうという雰囲気はありませんでした。それが課題として感じていたことですね。

石坂　やりたいスポーツができなくて、部活動がどんどん縮小していくという流れの中で、森さん自身が教員をされていたので、子どもたちの活動の場をどう守っていくのかということにご苦労されたのですね。

森　野津原中学校の軟式野球部ですが、赴任した3年間は部員が十何人かいて、もちろんチームができるし試合もできる、しかし、次の年に入ってくるのは2人か3人だというんですよ。もう先が見えるんですね。だから私は3年目ぐらいで保護者に話をして、硬式野球部に変えました。このまま中学校の部活としては回らなくなるから。NスポーツクラブのスタートにあわせKて野球部のクラブ化に踏み切りました。硬式野球クラブは今は30、40人くらいですが、67人いたときもあります。野津原の子にとっては地域内に硬式野球クラブがあるし、グラウンドもあります。今年、西南学院大学硬式野球部で優秀賞を取った選手は野津原の子ですし、ソフトバンクホークスでピッチャーをしている笠谷俊介選手も隣の団地の子でした。近くで野球ができる環境ができたことの成果の一つです。情熱を持ってやれる人がいるかどうかという課題はありますが、スポーツをやれる場所が一つでもできて、そういう子が1人でも2人でも出てきたことで、子どもたちのスポーツ人口も増えていくのではないかと思います。

有山　学校がスポーツを担うためには、指導者にしても、子どもの人数にしても、サイズがもう小さすぎるし、ボランティアに頼っていては維持できなくなった。だから学校に縛られない新たな枠組みが必要になったということでしょうか。

森　発展していこう、良くしていこうという雰囲気を作るのに、今みたいなボランティア制度ではダメだと当時から思っていました。それではもうこれ以上の発展はない、現状維持以下だろうと。近年オリンピックでは成果が出ていますが、その理由はほとんど部活動ではないと思うんですね。部活動は底辺拡大を頑張って担っているけれど、逆にスポーツ嫌いを増やしていたりもする。もちろん少人数で団体スポーツができないという現象はあるけれど、それは大きな問題ではなく、やはり常に発展していこう、子どもたちにたくさんの良いことを伝えようとすることが大事です。競技力が上がらなくてもいいんですよ。生涯続けていけるようなスポーツ産業にならないと絶対にダメだと思っているので、部活を卒業した子が帰ってきてうちの指導者やクラブの選手としてやれる体制を作りたい。でも今の部活動はそのことを担っていません。一時はＮスポが土日の活動を引き取って、Ｎスポの管理下でやるという時代もあったのですが、Ｎスポ管理下の日に練習準備中に事故が起きてしまいました。さらに、導入時期の協力的な校長から新たに変わった校長は「部活は先生がやるものだ」という意識をもった方になり、土日の部活動は学校管理下に戻りました。野津原中学生がＮクラブの会員になれば循環が起こり、Ｎクラブの卒業生が成人になり地元に戻り、成人のクラブチームを作りたい、というようなことが起こってくるだろうと思ったけれど、小学校まで頑張ってこちらが育ててもそこで切れてしまって、成人になっても帰ってこなくなってしまいました。

今、部活動改革が進められていますが、その根本的な意義は子ども達が住むその地域が、より発展していこうとする自主努力というか主体性を持って意欲的にやっていこうとする体制づくりだと思っています。スポーツなので、そんなに難しくないんですよ。他の仕事と違ってスポーツというのはそれだけの魅力がある。体制がボランティアや先生がやるということで留められてしまっているということを変えたいと思ったのが、私がクラブを始めたときの動機の一つですね。

Ｎスポーツクラブの創設

石坂　少子化の問題や学校の中で部活を続けていくことの難しさが出てきたあたりで、「スポーツ振興基本計画」が出て、文科省が「総合型地域スポーツクラブを作ろう」という大号令をかけました。冒頭で紹介した動画を拝見すると、森さんが「25年構想」というのを掲げられていて、「国際大会の開催」や「プロ選手の所属」ということをあげています。15年ぐらい前に見たときには、「こういうことを本当にやれるのかな」と疑問に思っていた部分もありました。ところが、創設から25年となる年がまもなくやってきますが、着々と実現されています。企業の協力もあったとお聞きしていますけれども、例えばグラウンドを設営してナイター設備を導入していますし、独立リーグのプロ野球チームである大分Ｂリングスの創設・運営も始まりました。先ほどお話いただいたように、ボランティアだけで留めるのではなくて、ビジネスとして地域の中にお金を生み出していく、あるいは価値を見出していくという形の中でクラブを構想していくところが、大きな特徴であると感じます。これを20年前に森さんがどのように思いつき、進められてきたのか。これから地域のクラブを作ったり発展させたりしていく上ではとても参考になると思います。

森　54歳で学校を早期退職して、自分の退職金２０００万円とｔｏｔｏからいただいた8000万円と、仲間の皆さんが入れてくれた2000万円の合計1億2000万円で、クラブハウスやグラウンドができました。私は当初からこれは一つのビジネスという言い方をしていました。地域のスポーツをやる上で、それである程度生活をしていける、「私はスポーツのプロなんだ」という人を作らないといけないと思っていました。そのために市営や県営の施設、中学校などを借りても活動は定着しないので、自分たちが使いたいときに使える施設が必要となる。また、今は少年サッカーやバスケットでは、活動費を7割返しています。例えば、会費が100万円入るとしたら70万円は活動費として返しているんです。活動費の使い方は各チームに任せています。3割は事務局に入れてもらって、クラブハウスやグラウンドの維持管理費や、バスなどの維持管理費、職員の給料に充てます。クラブに強みがないと、3割も払ってくれません。「小学校、中学校の体育館なら私たちだって借りれますよ」となるので、それではクラブに入ってくれません。おそらく他のクラブの皆さんも悩まれていると思いますが、「お金を取られるなら入りません」という感覚の人たちがいます。スポーツ少年団や部活動は総合型には入ってこないんですよ。「私達だけでやれていますから」ということですから。やはりクラブが強みを持たないと入ってもらえない。入ってもらえれば良さに気づいてもらえます。

日本スポーツ協会が2030年ぐらいを目安にスポーツ少年団と総合型クラブを一緒にしていこうとしていますが、5～6年前ぐらいにその会議に私も出席していました。そのとき既に元文科大臣が部活動も移行したいという話をしていましたが、文科省からその話が出てきたのはそれから3、4年後でした。2030年からいよいよ総合型クラブとスポーツ少年団が一つになるという絵を示していますが、ある部分は上から「こうやります」としないと、スポーツ少年団は各地域にある総合型に入らないです。少年団の方が先

座談会に先立ちＮスポーツクラブを訪れたときの様子

に存在していましたから。だから総合型クラブは高齢者教室や、健康サークル、囲碁などの活動が多くなってしまう。本来は一番惹きつけるのは競技スポーツなんですよ。競技スポーツがあって、そこに高齢者や趣味でやる人や、週に一度程度運動すればいいという人が入ってくればいいですね。「ときどき運動すればいい」という人は大きな財源にはなりません。総合型クラブは、競技力、それから小学生・中学生の存在を核に据えないとビジネスとしてやっていけない、プロのスポーツクラブとしては成り立たないというのが当初からの考えでした。

石坂　今ちょうどクラブ創設から20年ぐらい経つわけですけれども、最初に掲げられたゴールから見たときに、点数をつけると何点ぐらいでしょうか。

森　コロナがなかったら…。今は赤字で、高齢者教室を含めた成人サークルやスポーツ大会が復活しないんですよ。それらの代わりの大会もまだできていない。でも施設の維持や送迎バスなどのコストはかかります。だから私はNスピリッツという会社を立ち上げて、指定管理を受けている宇曽山荘の食事を作ったり、大分市内に飲食店を出したりして利益が出たらクラブにお金を入れています。やはりスポンサーというか、地域の寄付が欲しいですね。ＮＰＯ法人は行政や企業の手が届かないところをやるので、受益者から直接お金はもらえないんですよ。アメリカではキリスト教の考えもあるので、寄付が財源です。日本の場合、1年目は寄付してくれても、次の年は「もう（寄付しなくても）いいでしょう」みたいな感じですね。１００点満点で考えると、20点か30点ですね。コロナ禍がなかったらもっと業績も上がっていたと思いますが、財源を考えたら厳しい。でも、10年後には「続けてよかった」と言われるようにしていきたい。

有山　さきほど「総合型スポーツクラブは競技スポーツを核にしないといけない」とおっしゃっていましたが、現代の若者を見ていると、組織化された競技スポーツから離脱して、自分たちでダンスやボードを楽しむような文化がどんどん増えていますよね。それから「子どもが核になる」ともおっしゃっていましたが、子どもの数はどんどん減っていって中高齢者の数がどんどん増えています。にもかかわらず、あえて競技スポーツや子どもをビジネスのターゲットとされるのはなぜなのでしょうか。

森　私もスポーツからスタートしていますし、「総合型地域スポーツクラブ」には「スポーツ」が名前につく以上、やはりスポーツからは抜けられないと思うんですよ。ビジネスだから高齢者の健康作りだけ頑張ろうというわけにいかない。オリンピックやプロ野球、メジャーリーグなどがトップレベルのスポーツだと思いますが、そういうところに夢を持っていられるようにしたい。もちろん、みんながそういうところにいけないこともわかっているし、生涯スポーツとして楽しんでもいい。けれども、小・中学校時代に地域によって差が出てしまって、「野津原生まれでなければ私はオリンピックに行けたかもしれない」というようなことは避けたい。また、成人スポーツもプロではないと言ってもやはり競技スポーツなんですよ。「今度の大会で優勝したい」「1試合でも勝ちたい」、これも競技ですよね。そういう人達はまだ絶対いると思うんですよ。スポーツをやって点数を付ける以上は、「負けていいや」とは思わないんですよ。次に勝つためにまた練習しようとなるし、だからクラブ会員としてもやってくれる。「負けても勝ってもいいや。今週は疲れたら行かない」という感じの人ばかりでは、財源は確保できない。コミュニケーションやリフレッシュが主目的の人は入れ替わり立ち替わりでも構わないです。そこでできる環境さえ作っておけば、その層も取り込める。

それから、できれば小・中学校のときに競技を嫌いにならないでほしいですね。これは「競技スポーツ」か「エンジョイスポーツ」かというような話ではないんです。部活の中で、自分を否定されたり存在が無視されたりという経験をさせないようにする。そうすれば補欠だろうがその種目を好きでいてくれて、一度辞めてもまた始めてくれる子は絶対に増えると思うんですよ。でも部活は競技スポーツ嫌いも産んでしまっている。先生も忙しいし、大変ですが、子どもたちをリスペクトしていく文化を作らないと、負の遺産を生んでしまう。今、部活の指導を先生から一般の人に移行しようとしていますが、一般の方は教育心理学を学んでいない、発達時期の子どもの心が分からないといった心配もあります。

競技スポーツを核にしていけば経営は大丈夫ですね。午前中は高齢者の教室をして、4時半からは競技スポーツの指導をするというような形で両立していけます。そうすると、例えば不登校の問題もクラブが解決できるようになるんですよ。校長先生と相談して、「不登校の子は何人いますか？　うちのクラブでちょっと声かけてみましょうか？」と。そういう子が高齢者の教室に行ったりすると、中にはおじいちゃんやおばあちゃんと話しが合う子もいるんです。ちょうど部活が学校から移行されるので、地域と結ぶ環境を作るチャンスだなと思っています。

野津原地区の変化とこれからの25年

石坂　総合型スポーツクラブをつくられたことで野津原という地域がどう変化しているのか、それから25年構想を作られて、そろそろその25年目が来るわけですが、その次の25年でクラブはどういうことを目指していくのか。この2点を教えていただけますか。

森　大分市に職場がある人が多いので、地元という意識は薄いけれども、ソフトボール大会や野球大会がある時は、住民の方にもクラブを自然と意識してもらえていると思います。私は教員をしながら部活動と並行して地域のスポーツ大会を企画運営していました。「日本で一番グラウンドにいる時間が長いんじゃないか」と思うぐらい大変でしたが（笑）。でも、ソフトボールをやるときにグラウンドに20人ぐらい集まって、「お前何しているの？」みたいな会話をしながらキャッチボールしている姿を見ると、嬉しいですね。

25年後ですが、野津原を中心にもう少しエリアを広げて、1000人ぐらい中学生がいる地域にクラブを一つ作りたいと思っているんですよ。私は2年前に大分県議の方などにも入っていただいて、一般社団法人の大分県ジュニア文化スポーツ振興会を立ち上げました。大分県レベルの組織を作ったのですが、1000人規模の中学校に1クラブ作っていこうと。そこに総合型クラブが既にあればそこに引き受けてもらうし、なければ作っていく。大分県の人口で考えると、クラブが50個必要です。もう一つの目標は、地域教育力を上げることです。スポーツだけではなく、そこには文化もあり、伝統芸能もあるでしょう。スポーツに限らず、子どもたちが地域の方と触れ合うことによって生まれる教育活動が大事だと思います。日本では社会体育は生涯学習課、社会教育は公民館と行政マンがやっていますが、ヨーロッパのスポーツクラブみたいに教育組織的な働きをしていないんですね。地域教育力が上がっていけば、さっき言った不登校や引きこもりなどの問題でも人と人とのつながりが自然と生まれ、その問題を解決する活動が始まる。そういうことができていけばいいかなと思っています。

地元の社長さんもそこは応援してお金を出しますよ。今は部活動だから誰も出さない、出せない。例えば、一社あたり10万円出してもらったとして1000社集まれば1億円になるんですよ。私は大分Bリングスで年間6000万円集めています。「野球のチームです。応援してください」。それだけです。それ以外何もないんです。「頑張ってるな。私は野球好きやけん、700万出すわ」と。やはり理念がしっかりしていて活動が見える組織は、誰が見ても支援したいし、応援したくなります。とりわけ未来の宝である子ども達の成長に賛同してくれます。そう思わせる組織を作らないと、サッカーや野球があるだけではダメなんです。「社長、もちろん将来活躍する野球選手やサッカー選手も見たいですけど、将来社長のところの従業員として戦力となってやっていく子どもたちを育てるためにも応援しませんか？」と言えば、支援してくれるんですよ。先生の負担などを理由に部活動の地域移行が進められていますが、それは全く関係ないんです。先生の中でもやりたい人はやればいい。でも学校の中に部活動があることは問題なんですよ。外に出せば、寄附金だってスポンサーだって集められるし、そういう仕組み作りをしていく。ただそれにはきちんと透明性のある会計をして、貧困家庭の子どもでもスポーツができるような財源も作っていく。地域教育力という枠の中で考えれば、地域移行という形ではなく、今まで先生だけにさせていた子どもの教育を地域でもやればいいということなんです。人を出せなければお金を出して支援してもらう形でもいい。現在そういう形を模索していて、いよいよ私もスポンサー集めに回ります。次の25年は自分のクラブにプラスしてそういう仕組み作りを完成させたい。

指導者の育成、暴言や体罰や問題ある指導者の教育についてもきちんとした体制を作っていく。それは中学校の部活動では教育委員会がその役割を担っていました。私も教員の時に行き過ぎた指導で教育委員会に2回謝りに行きました。きちんとしたブレーキ役、指導役がいたんです。ところが、今のままの移行でいくと、誰がどの組織が指導監督するのか、問題ある組織や指導者がいた場合、誰がその指導をできるのかよくわからない。だから私はお金をしっかり確保して、登録したクラブには優先的に県や市に市営県営の体育館や中学校、小学校の体育館を無償で貸し出す。その代わりに、教育的配慮のある会費設定や指導理念をもったクラブを作り育てていく仕組み作りをしていきたい。そういう仕組み作りを市町村単位から県単位でして、最終的には日本スポーツ協会の中でジュニアスポーツの指導監督を行う仕組みを作るべきだと思います。スポーツ少年団に入っていないサッカークラブや野球クラブも多いので、ジュニアに関して言えば、制度をきちんと作って、問題があれば指導していく。そうしないと泣きを見るのは子どもたちです。部活動では教育委員会がありますが、それがなくなるのだったら代わるものを用意しないといけない。私のこれからの使命というか役割として考えているところです。

地域と学校の変化について

石坂　ここからは有山先生におまかせして、学校の部活動の限界が見えてきている中で、地域のスポーツクラブがどう変わっていく必要があるかという観点でお話をいただこうかと思います。

有山　よろしくお願いいたします。いま「地域移行」が盛んに言われていますが、森さんはクラブを単に部活動の受け皿とするのではなく、スポーツ活動の仕組み自体を変えていく、あるいは新しく創っていくきっかけとしてお考えになっているように感じました。

森　２００６年ころに中学校の部活を土日はNクラブで行うということをしていたのですが、さきほど言ったような事故が起きてやめてしまいました。当時は今のような「地域移行」ということは全く考えていませんでした。ただ、地域移行となっても先生方の誰も反対しないだろうな、逆に喜んでもらえると感じていました。学校部活動ではこれ以上の発展もないですよ。メジャーリーグの大谷選手が１００億円を稼ぐ時代に、未だに日本のスポーツはボランティアで教えている環境を誰も変えない。それはなぜかというと、学校部活動という形を世間一般、保護者も含めていいと思っていて、そうでないと困ると思っている、その中で誰かが犠牲になっているだけなんですね。だから部活の地域移行というのは私からすれば当たり前のことだと思います。子どもたちが地域の中でやりたいことをやって、できればスポーツやいろいろなことに取り組んでほしい。今、言われている部活動の地域移行の考え方では、今ある部活動をいかに変えずに地域でできるかということが語られていますが、無理に決まっているじゃないですか。先生が夕方の4時半から給料をもらわずにやっていた部活動を地域で同じような形でやるとすれば、受益者負担になるからお金をいくらかもらわなければいけない。部活動を移すということばかり考えていても、2、3年すれば移行期間は終わるんですよね。だからそんなことに焦点を当てずに、新しい環境を作ろう、地域でやろうという思いを結集させなければいけないと思います。ですからさきほどの質問に答えるとすると、私は20年前から地域移行ではなく、新しいスポーツ環境をみんなで作って、そこにたくさん人が集まったら、地域教育力が上がるのではないかと考えていましたし、それはスポーツでなくても伝統芸能でも何でもいいんですよ。大人たちが持っている知恵をいかに子どもたちに伝えていく場を作れるか。そういうことを考えていけばいいと思っています。

有山　ありがとうございます。今まで日本の青少年スポーツはほぼ学校が担ってきました。おかげで、小学校と中学校には連携がないし、中学校・高校・大学のスポーツはそれぞれ引退して終わり。全てがぶつ切りで、生涯スポーツにはほぼつながらない。これはスポーツを学校に委ねた結果ですが、森さんはそれをつなぐような、スポーツの構造改革を考えておられると理解しました。ところで、森さんは教員もされていたので伺いたいのですが、今後、学校は地域に全てを任せて本当にいいのでしょうか。学校を利用すれば、安定したシステムの中でお金をかけずにスポーツができます。そう考えると、地域スポーツの発展のために学校が果たすべき役割はまだあるような気もします。それは従来の部活動とは異なるものになるかもしれませんが、森さんは学校の役割についてどのようにお考えですか。

森　学校から部活動をなくしたとしても、役割は相当残っています。生徒指導や生徒会活動、体育大会や文化祭、昔はキャンプなどの野外活動もしていました。先生方には学校教育自体をもっとしっかり充実させてもらう。6割か7割の子しか入っていないスポーツに先生が時間を取られるのはやめましょう。先生方はさぼっていないですし、大変な仕事ですよ。だからもう少し整理してあげる。学校でやることは多いですよ。それなのに土日まで先生にこれもやれ、あれもやれというのは無理ですよ。学校では部活動よりも民主主義国家を作るための勉強をするとか、野外活動を通して自然に親しむ経験をしたりする方が絶対に大事ですよ。それからもう少し集団作りをしてほしい。そうなると部活をやっている暇はないんですよ。

有山　おっしゃることはよくわかります。ただ、地域でスポーツに親しむ人を育てるために、学校が何か役割を担わなくてもよいのかなと。例えば、Nスポーツクラブに入るには、その情報に触れることが必要ですよね。学校なら広報は簡単です。そんな地域スポーツへの橋渡しなども必要では。

森　広報の場所として既に学校を使っています。テニスクラブに関しては、4月の入学式のときにチラシを配ってくれますし、私たちも説明会に行っていました。これからは部活動が地域に来るわけですが、学校と連携するためにも認定制度、登録制度がいると思います。誰でも学校と連携できてしまったら困りますよね。でも「あなたのところは学校教育にも協力的ですね」「期末テストがあるときには休みにしてくれていますね」ということをしていく。そこでの情報交換は学校だってしたいですよね。それは当たり前のようにやっていくべきだと思うんですよね。学校側は子ども達に地域クラブに加入し、スポーツや文化活動に親しみ、より多くの地域の方と触れ合うように奨励してほしいですね。学校が全てやっていたことを地域に移して、学校は本来の仕事に戻るべきだと思います。先生も土日は地域クラブに来てもらってもいいんですよ。そういう関係性をつくる中で、学校の中に地域が入るのではなく、地域の中に先生や校長先生が入っていく。発想を変えて、学校は地域の中にあるのであって、その役割を自覚し学校教育をしっかりやる。でも土日や平日の4時半からの活動を地域で行うならそこに先生も来て、手伝える時は手伝ったりして、仲間となって子どもを育てていくという形ですね。

有山　「地域の中に学校が入っていく」、これは重要ですね。実は、私は「地域移行」という言葉がすごくショックだったんです。この言葉遣いから、「あれ？　学校は地域の中になかったんだ」って感じたんです。ですので、おっしゃっていることはよくわかります。一緒に楽しめばいいんですよね。

森　楽しめばいいんですよ。それが一番重要なんですよ。

有山　ところで、最近、地域移行に参入する企業が出てきました。実は先ほどから、そんな企業とＮスポーツクラブはどこが違うのかなと考えていたんです。でも、今のお話を聞いてすごく納得できました。

森　それをやるのがＮＰＯ法人や一般社団法人だと思うんですよ。株式会社では絶対にないと思うんです。

有山　自治体が、地域移行を企業に委託する例も結構耳にします。

森　株式会社は株主がいて成り立つし、その利益をみんなで分配するという方式になっていますが、ＮＰＯ法人は分配できないんですよ。利益が上がれば次の年の事業に使ったり、職員の給料を上げたりすることはできますが。創業者がずっとできるようにしたりすることも難しい。だから私も理事長をしていますが、いつ罷免されるかわからない（笑）。

有山　いやいや、Ｎスポーツクラブではお金の分配はできないけれど、地域力や文化力みたいな目に見えない価値を分配していますよ。

森　そうなんです。だからそのために環境を作ったり、お金を集めたりする。でもそれは趣旨に賛同してくれるスポンサーがいないとできない。それには「うちの会社がやっている地域クラブを支援することは価値がある」「あのクラブにお金を出せばいいものができる」ということをスポンサー側に思ってもらわないとなかなか難しい。だから社会に貢献するという大義名分は大事だと思います。

有山　文化を分配する仕組みに対してお金がきちんと回せるような制度を作っていく。それは学校も当然一緒に取り組むべきじゃないかということですね。

森　部活動は地域でやるので、先生には先生の仕事をしっかりやってもらう。「先生の仕事」とは何かと言ったら、やはり育てることだと思います。勉強ができる子を作るだけではなく、コミュニケーション能力や社会性などいろいろな力を育てていく。小・中学校時代というのは多感な時期で、一番エネルギーを燃やせるときです。先生にはその子の人生を変えてしまうような可能性もある。それは地域教育力も一緒で、地域の方もみんなで人作りをしっかりやっていこうということだと思うんですよね。

有山　「地域移行」では、部活をいかに地域でやってもらうかという議論が先行しがちです。しかし、お話を聞いていて、「豊かなスポーツライフを実現できる人を育てる」という大切なねらいがぶれてしまってはいないか、今進められている地域移行の実情を、一度しっかり振り返ってみる必要があると感じました。

森　本来であれば国がやるべき大きな問題ですよ。「子育て支援にいくら出すか」とか「給食を無償化する」というようなことだけで人間が育つわけではないですよ。人間を育てていくのであれば、自然の中での知識も必要だし、いろいろな経験をさせていきながら人間力を上げていかないといけないのに、学校だけに任せているような現状では無理だと思います。

まとめにかえて

石坂　2000年以降に総合型クラブの創設が政策の中で大きな軸として展開されてきました。総合型クラブの数を増やすことが目標として掲げられたので、ある程度の数ができたことで満足してしまったところもあるでしょうし、市区町村には少なくとも一つ以上はクラブを作らないといけなかったので、様々な地域で今まであるクラブをただまとめてしまった。あるいは行政がとりあえず体面を保つために形を作った。そういう事例は日本全国でかなりあると思うんですね。総合型クラブの創設から20年以上経ったいま、これらがどのような力となって地域に存在しているのかを評価していく必要があると思います。今日の話で言えば、森さんが再三おっしゃられているように、地域の教育力を総合型クラブがどのように下支えしてきたのかということは総括しないといけないと思います。ところが、今行われているのは、中学校の部活動をそのまま地域に預けるための受け皿として総合型クラブはどのように活用できるのかという議論です。そうではなくて、総合型クラブが地域でどのような役割を果たさなければいけなかったのか、その中に学校を含めてどのように巻き込んでいけるのかという議論こそが大事だと思うのですが、論点がずれてしまっているのではないかと思います。最後に、森さんはこの20年の総合型クラブの動きをどのように見ておられるでしょうか。

森　いま部活動の地域移行の話が出ていますが、総合型のスタートの時に一緒に話が出ていたら、全然変わっていたと思うんですよね。１９９４年あたりから成岩スポーツクラブなどでは部活動も入れて１０００から２０００人ぐらいの人が地域の体育館や学校の体育館を組み合わせて活動していて、あんないいモデルがあったのに、なぜ中学校部活動も含めた議論を文科省はしなかったのか。「今から地域移行です」と言われても、総合型はこの20年間で疲弊してしまって、「もうできません」となってしまっている。大分市では20年前にクラブを始めた人が今も変わらずにやっているんですよ。40歳だった人は60歳に、60歳だった人は80歳になってもクラブマネージャーをしている。「私が辞めたら多分このクラブはなくなるでしょう」という話ばかりです。それが現実ですね。当時、部活動も少年スポーツ少年団も地域にあったけれども、総合型クラブに入れるような仕組みを作らずにスタートした。子ども達が総合型クラブに入ってこないので何をやったかというと高齢者教室です。さきほど言ったように、一番お金を払って、ずっと続けてくれる、核となるべき競技スポーツの会員が入ってこない。これが見えていましたから、私は最初にスポーツ施設を作り、スポーツ少年団を入れて、中学校でクラブを立ち上げてやってきた。あれば良かったけれど、ないから作ったんですね。野球クラブやサッカークラブを作って、指導者を探してくる。そうしてやってきたのがこの20年間です。自分のクラブが絶対に正しいとは言いませんが、他のクラブを見ていると、会員が１００人ぐらいで高齢者ばかり、年会費２０００円でやり放題だったりする。それでは上手くいくわけがないんですね。そんな状況のままずっと推移してきている。当初から全体的なスポーツ環境を加味した総合型スポーツクラブ作りを進めていたら変わっていたと思います。

　私は中学校の部活動やスポーツ少年団を総合型クラブと一緒にしないといけないと初めから思っていたので一緒にしたけれど、気づかない人は気づかないまま総合型クラブをスタートしました。地域のことが心配な人たちさえもこの総合型に力を貸すような状況になっていない。だから白紙に戻して、地域教育団体として地域作りを目的としたクラブとしてやっていくことかと思っています。今ある総合型クラブの組織を活用するのはいいんですよ。事務局もあるしマネージャーもいますし、彼らの力も必要ですから。しかし、あとはもう一からスタートしないと。固定観念にとらわれてしまうと、それが障害になってしまいます。やはり会員数を1000人、2000人ぐらいに持っていくような形を作っていかないと、スタートも切れないと思うんですよ。部活動の受け皿作りに悩んでいるけれど、私は総合型クラブがないところに新しいクラブを作った場合は、逆に固定観念が無いことで自然と理想的な形ができると思います。そこに徐々に社会人、高齢者も入ってきます。スタートは中学生でいいと思いますが、いつかは総合型になる。「総合型地域スポーツクラブ」という名前にあまりこだわらず、地域のみんなが集まるクラブとして、いろいろなことをやっていける組織になれば、事務員がいて、給料をもらって働いている人が2、3人いるような形になると思うんですよね。

石坂　ありがとうございます。今日のお話で印象に残っているのは、地域のスポーツ大会のような誰かが下支えしていたものが地域の関係性を作っていたと言うことです。それがなくなると困るということですよね。それが当たり前のようにやれていたことが地域の力だと思うのですが、それはクラブやいろいろな人々の力を結集しないと失われやすいものでもある。森さんはそこに気づいてクラブを作り、クラブが地域の教育力を下支えしたり、あるいは新たに作り出したりしていく力になりうるということを20年かけて実証されてこられた。そして、それをこれからより大きなものに広げようとされている。部活動の地域移行という問題は目先の小さい問題ではなくて、日本のスポーツ、あるいは地域の教育力全体を変えていく力になりうるということがお話を聞いていてよくわかりました。そういう観点で地域スポーツについて考えていけるというところに希望を見出しました。

森　私の中でスポーツは重要なポジションにあるけれども、それだけではない。地域スポーツだけでなく、文化もあったり飲み会があったり、いろいろなコミュニケーションにつながればいい。「今日はサッカーをして、その後は飲もう」というのもクラブじゃないですか。そういう関係性が地域でできることを目標にしていけば良いんじゃないかと。空気でもいいと思うんですよ。クラブはあって当たり前で、空気みたいな存在になったときは成功ですよね。地域の子どもたちみんなに来てほしいし、自分の視野が広がっていく場になってほしい。子どもたちがそこに来て、いろいろなことを楽しんで、その後に好きなことが見つかればやってほしいし、なければ作っていってほしい。

石坂　「クラブは空気」というのはいい言葉ですね。本日はどうもありがとうございました。

ソーシャル・キャピタル論からみた地域スポーツの動向
―地域で活動する人々の意思はどこに？―

小林　勉

1. はじめに
―行政が定める「官製モデル」追従への圧力―

今世紀の地域スポーツクラブが振興される歴史的視点を一度踏まえるならば、その原点にはドイツのスポーツクラブが理念型として存在し、総合型地域スポーツクラブ（以下「総合型クラブ」）へと移行していく過程がある。このドイツのクラブモデルは、日本の単一種目・世代に限定された従来の地域スポーツクラブとは異なり、コミュニティ内での多世代・多種目のスポーツ活動を推進する役割を果たしてきた。日本の総合型クラブは、このドイツモデルを参考にしたものであるが、その移行過程で行政主導によるトップダウン型のアプローチがなされた結果、ドイツにおける市民主導のクラブ運営とは異なる側面を持つようになった。換言すると、日本の総合型クラブの成立過程は、理念的にはドイツモデルに似ているものの、実際には行政主導としての「官製モデル」が色濃く反映されているという点に特徴がある。この段階では総合型クラブの主体はあくまで行政であり、住民側は「総合型」へ移行させられる対象に過ぎなかった。行政によって水路づけられた「総合型」は、住民側にとっては必然的に外部主導によって作られた理念や運営方法に則ったやり方に従うことを意味した。住民側の自発性や当事者意識は当然の如く失われ、例えば一部のクラブでは、形だけ複数種目のクラスを設定するものの、実際には年に数回程度しか開催されないというケースもあり、少なくとも推進する側との関係では「いつでも、どこでも、誰とでも、いつまでも」の精神を演じざるを得ない部分も見受けられた。

ただ、これは当該政策を推し進める側においては大変都合の良いものであった。「地域の状況に応じて」とされたフレーズとは裏腹に作用する水路づけによって、自治体担当者は、政策課題クリアの指標としての総合型クラブの設立数の達成を一義的に目指すようになる。それを象徴するのが全国に約３５００設立されたとする総合型クラブの「数」である。仮にそれだけの「総合型」クラブが各地に拡大されたとすると、「多種目・多世代・多志向」を実践する光景が、身近に数多く描き出されているはずである。しかし少なくとも現状では、身近に「いつでも、どこでも、誰とでも、いつまでも」の光景が創出されてきたとは言い難い。総合型クラブの実態を紐解くと、形式的に「多世代・多種目」の枠組みを整えることが優先され、多様な活動を提供しているという外形を保つことが目的化しており、クラブ運営の本来の目的である「居心地の良いスポーツ空間の構築」が二の次にされているケースが少なくないからである。そこでは、行政の働きかけによる総合型クラブへの性急な転換が総合型クラブへの圧力となり、クラブ運営側に別の動機を生み出すことにも繋がっている。例えば各種助成金を確保するための総合型クラブへの移行という意味付けがなされてきた点には注意が必要だろう。助成金の存在を示唆しつつ、行政が作り上げたモデルに従うことを関係者に求める、いわゆる「官製モデル」受容を前提とした働きかけである。このように、総合型クラブに移行する動機は、「多種目・多世代・多志向」の具現化といった理念的な共通認識によって縁取られているのではなく、住民側の助成金獲得目的や行政側の官製モデルへの追従を求める圧力など、別のプロセスによって大きな影響を受けるものであることを示唆する研究もある（小林、２０１３）。

では、このような経緯を持つ日本の地域スポーツの現状を読み解くためにはどうすればよいのか。地域スポーツの現在の動向を理解するには、まず第一に国民スポーツの普及・振興、特に生涯スポーツの推進を担う統一的なスポーツ組織において、どのような未来構想を描いているのかを分析することが不可欠である。そこで本稿では、日本スポーツ協会（以下「ＪＳＰＯ」）や国内競技連盟など、日本のスポーツを統括する組織が、地域スポーツについてどのようなビジョンを描き出そうとしているのかを検証しながら、現在の地域スポーツの情勢を解き明かしていこうと思う。

2．ソーシャル・キャピタル形成におけるスポーツの重要性　―豊かなコミュニティづくりの核として期待されるスポーツ―

現在の地域スポーツの動向を検討する際、注目すべきは総合型クラブに対する評価が分かれているにもかかわらず、その支援事業がなおも積極的に継続されている点である。事業の基本理念には「スポーツを核とした豊かな地域コミュニティの創造」を掲げ、豊かなコミュニティづくりの核としてスポーツを位置づけながら、「住民の連携・協働によって地域の絆を培い、地域社会の発展に寄与していく」という論理を用いて（日本体育協会、２０１３：日本スポーツ協会、２０２３ａ）、スポーツがある種のソーシャル・キャピタル的な視角で論じられている点が大きな特徴となる。ソーシャル・キャピタル（以下「ＳＣ」）とは、信頼や規範、ネットワークなど、社会やコミュニティにおける人々の相互関係や結びつきを支える仕組みの重要性を説く概念であり、人々が活発に協調行動をすることによって、社会の効率性を高めることができるとする考え方のことである。ＳＣについては、日本スポーツ振興センターなどでも、スポーツを通じて「信頼」「規範」「ネットワーク（絆）」というＳＣを構築するため、各競技の著名人を「ＳＰＯＲＴＳ　ＪＡＰＡＮアンバサダー」として起用し、ＳＣ形成におけるスポーツが果たす役割の大きさを訴えている。（図１参照）。

一方、海外でもスポーツとＳＣの議論は注目を集めてきている。この議論の代表的な例としてよく取り上げられるのは、アフリカ屈指のスラム街とされるケニアのマザレ地区での活動である。ケニアでは、社会構造的なリスクである「つながりの喪失」という大きな課題に、サッカーを通

SPORTS JAPANアンバサダーのご紹介
「SPORTS JAPAN」の理念をたくさんの人々に訴求するメッセンジャーとしての役割と日本スポーツ振興センターと一緒にスポーツを通じて、日本（日本国民）の「信頼」「規範」「ネットワーク（絆）」（＝「ソーシャル・キャピタル」）の構築を推進するパートナーとしての役割の両方を担っていただきます。
SPORTS JAPAN
アンバサダーINDEX
アンバサダーNO.021 平野早矢香
アンバサダーNO.020 三阪洋行
アンバサダーNO.019 岡崎朋美
アンバサダーNO.018 豊田まみ子
アンバサダーNO.017 野村忠宏
アンバサダーNO.016 池田信太郎

図１　ソーシャル・キャピタルの構築を推進するパートナーとしてのアンバサダーたち
出典：日本スポーツ振興センター（JSC）公式サイトより抜粋

じてそれを克服していこうとする活動が展開されている。不安定な生活環境の中、リーグ戦では、試合結果での勝ち点のほかに、清掃活動を通じて地域貢献をしたチームにも勝ち点が与えられ、それがリーグ戦の順位にも反映される。「レッドカード」となった選手は、年下世代の試合の審判を6試合以上担当しなければ試合に復帰できず、スポーツマンとして卓越した振る舞いが認められた者には、レッドカードとは反対に「グリーンカード」が授与された。グリーンカードにはポイントがあり、そのポイントは奨学金を獲得する際の査定ポイントとして換算される。そしてそれは高等教育機関への進学を志す者にとって、進学資金獲得のまたとない機会を提供し、現在では100以上のチームから構成されるアフリカでも有数の青少年スポーツの組織にまで成長している。スポーツを通じてルールを遵守するような規範を植えつけながら、貧困に苛まれる若者たちを社会に参画させるというかたちで、現地の人々との関係を新たに構築していったこの活動は、現地社会に欠落しているものを、サッカーやそれに付随する活動を通じて補完する働きがあり、何よりも途上国の開発において、スポーツ活動とメンバーの自発的な協調行動を連動させるという点において画期的であった。この事例から見えてくる一貫した主題は、信頼や規範、互酬性といったSCの要素である。

　とはいえ、SCには負の側面も存在する。スポーツの世界では運営の中心となるメンバーだけで関係が閉ざされてしまい、異なる背景を持つ人々が情報を得にくくなるという弊害や、ネットワークのルールに従わない者が排除されることもある。このような状況では、グループ間の心理的な距離を縮めることができず、「スポーツ対非スポーツ」や「特定種目対その他の種目」、「競技志向対楽しみ志向」といった排他的な関係が生まれやすく、対立構造も生じやすくなる。「指導者対選手」という関係性のもと、こうしたダークサイドが顕在化したケースとして２０１０年代にスポーツ現場で相次いだ体罰・暴力問題が挙げられる。例えば、２０１２年12月に部顧問の教諭による体罰から、高校生が自ら命を絶つ痛ましい事件は、従来のスポーツのあり方を日本社会全体に問い直すきっかけとなった。スポーツの現場で起きた一連の問題は、２０１３年４月、日本体育協会（当時）やオリンピック委員会、全国高等学校体育連盟等の機関が連名で「スポーツ界における暴力行為根絶宣言」を発出する経緯を辿り、それ以降、各関係機関は対応を余儀なくされたのであった。しかし、こうした宣言がなされた後も、大学アメフト部でのパワハラ指導（２０１８年５月）や体操協会での代表選手選考に関わる有力者のハラスメント（２０１８年７月）など、指導者をめぐる不祥事が続出する。モラルハザード的慣行が繰り返される状況に、スポーツ界でも新たなスポーツ空間の構築に向け、道徳の欠如によるリスクを低減するような取り組みがなされ始める。少なくとも大きな潮流としては、ここ数年の間にそうした方向に大きく舵が切られ、倫理観の欠如に対抗する、信頼や規範といったＳＣの要素をいかに醸成していくのかという課題に重点が置かれてきている。では、新たなスポーツ空間の構築に向けてどのような取り組みがなされてきたのだろうか。次ではスポーツ振興を司る中央機関での対応策を中心にみていくことにしよう。

３．新たなフレーズの登場
—バランス良いSCをいかに醸成していくのか？—

まず、国民スポーツの普及・振興、とりわけ生涯スポーツの推進を担うＪＳＰＯでは、「スポーツ指導者のための倫理ガイドライン」が作成され、スポーツにおいてだけでなく、普段の生活でも自らの指針となる「フェアプレイ７カ条」（図２）や、プレーヤーが自立し、自ら進んで取り組めるよう「ＰＡＴＲＯＬ」といったキーフレーズを掲げながら（図３）、指導者の倫理観の向上を目指す取り組みが開始された。そして当該ガイドラインには、指導者自身によるチェックリストも示され（図４）、指導者を養成・認定する団体の責務として、指導者としての望ましい考え方や行動の水準を高めるために倫理的観点からの意識啓発の体制が強化されてきている。

勿論、フェアプレイの精神や倫理的な考え方が、目指すべき指導者像の中に具現化されるという認識は兼ねてから潜在的に形成されていたものの、それが積極的に意識化され、その実現に向けて本格的に取り組まれ始めたのは暴力根絶やハラスメントへの意識が急激に強まった２０１０年代以後であった。図４のチェックリストに示される「プレーヤーは自分の指示に従っていればよい」といった考え方や、「場合によっては暴力行為を伴ったスポーツ指導も必要」との先入観は、古くから自明のものとして通用して

「フェアプレイで日本を元気に」キャンペーン

日本スポーツ協会では、社会全体にフェアプレーを浸透させるため「フェアプレイで日本を元気にキャンペーン」を展開しています。プレーヤーにフェアプレーを伝えるためのツールとしてご活用ください。

「フェアプレイ７カ条」

スポーツにおいてだけでなく、普段の生活でも自らの指針となる「フェアプレイ７カ条」を浸透させていきます。

1. 約束を守ろう
2. 感謝しよう
3. 全力を尽くそう
4. 挑戦しよう
5. 仲間を信じよう
6. 思いやりを持とう
7. たのしもう

図２　フェアプレイ７ヶ条

出典：日本スポーツ協会（2018）p8 より抜粋

PATROL しましょう

プレーヤーが自立(自律)し、自ら進んで取り組めるよう“PATROL”を心がけましょう

Process：「結果ではなく、経過を重視しましょう」

結果を評価するのではなく、経過を重視しましょう。どんな結果であろうとも、結果に至るまでの努力や行動があったはずです。いい結果が出た時も悪い結果が出た時も、プレーヤーと一緒に原因を考えてみましょう。

Acknowledgement：「承認しましょう」

プレーヤーの意思を尊重し、その行動や言動を承認することが重要です。自らの存在を認められることが、プレーヤーにとって大きな励みになるのです。

Together：「一緒に楽しみ、一緒に考えましょう」

何よりも指導者自身が楽しくなければ、プレーヤーも楽しくありません。プレーヤーとともにスポーツを一緒に楽しみましょう。

Respect：「尊敬しましょう、尊重しましょう」

年齢、性別に関係なく、すべての人を尊敬する気持ちを持ちましょう。10人いれば10人の個が存在します。プレーヤーの個性を尊重しましょう。

Observation：「よく観察しましょう」

プレーヤーをよく観察しましょう。体調は万全か、悩み事はないだろうか。見ていなければわかりません。「見られている」ことでプレーヤーは安心するのです。

Listening：「話をよく聴きましょう」

自分が話すより、プレーヤーの話を聴く時間を多く取るように心がけましょう。指導者が「なってほしいプレーヤー」ではなく、プレーヤー自身が「なりたい」自分を意識し、気づかせるためには、プレーヤー自身にたくさん話す機会を作ってあげましょう。

「公認スポーツ指導者養成テキスト共通科目Ⅰ」より

図３　PATROL のフレーズ

出典：日本スポーツ協会（2018）p12 より抜粋

あなたの考えや行動をチェックしてみましょう

次の20項目を読んで、あなたの考えや行動に「あてはまる」か「あてはまらないか」を判断してみてください。

		あてはまる	あてはまらない
1	スポーツがうまければ指導者として十分だと思う		
2	自分のスポーツ指導に絶対的な自信を持っている		
3	スポーツの指導のために何かを勉強するなんて面倒くさい		
4	プレーヤーは自分の指示に従っていればよいと思う		
5	指導者に対してプレーヤーが異議申し立てをするのはおかしいと思う		
6	気に入ったプレーヤーをつい贔屓（ひいき）してしまうのは人情だと思う		
7	自分の指導しているスポーツの場では暴力やハラスメント、いじめの問題は起こってないから、今後も大丈夫だと思う		
8	知り合いの指導者がスポーツの指導に伴って暴力行為を行っていることを知っているが、その人の指導法だと思う		
9	指導しているプレーヤー間でいじめが起こっても、関わらないようにしている		
10	場合によっては暴力行為を伴ったスポーツ指導も必要だと思う		
11	ケガをさせなければ殴ってもよいと思う		
12	プレーヤーとの間に信頼関係があれば、暴力は許されると思う		
13	スポーツ指導で暴力行為を禁止したら、プレーヤーやチームが弱くなってしまうと思う		
14	スポーツの指導には、女性よりも男性の方が適していると思う		
15	スポーツ組織の役員に女性が就くことには違和感がある		
16	カラオケなどでプレーヤーが指導者とデュエットをするのは当然だと思う		
17	あいさつをする時にプレーヤーの身体にふれることがよくある		
18	スポーツを指導する時に権利や人権のことなどほとんど考えない		
19	障がい者のスポーツ指導は手間がかかるので面倒だ		
20	LGBT などの人々がスポーツをすることには違和感がある		

以上の20項目のなかであなたの考えや行動に「あてはまる」ものがあれば、あなたのその考えや行動について一度振り返ってみる必要があります。

図４　指導者自身によるチェックリスト
出典：日本スポーツ協会（2018）p29より抜粋

きたが、とくに近年のハラスメントへの意識が台頭してきたことによって、かつての「根性論」に基盤をおいた育成方法の自明性は揺らぎつつある。選手の権利や人権に対する急激な意識変容が、これまで問う必要を感じなかった根性論の意味について再考を迫りながら、指導者に信頼や規範形成のようなSC形成の役割を担ってもらうことになったのだ。その象徴が「グッドコーチを目指して」や「グッドプレーヤーのさらなる育成を目指して」といった新たなフレーズの登場である（図５）。

図５にみられるように、「グッドコーチ」や「グッドプレーヤー」の中で語られる「模範となる態度・行動をとれるよう導くことができる人」「お互いに感謝・信頼し合い、かつ協力・協働・協調できる環境をつくることができる人」等として提示されるグッドコーチの像は、直接的に道徳を教え込むことが難しい学校卒業後の人材育成の行方という視点から見ると、ひとつのSC的関心から研究されるべき対象だといっても間違い

グッドコーチを目指して

── グッドプレーヤーのさらなる育成を目指して ──

日本スポーツ協会では、グッドコーチ像を以下のようにまとめています。

ご自身がイメージされるグッドコーチ像と比べつつ、目指すグッドコーチ像を確認しましょう。

ポイントは、全ての「人物像」が「～できる人」と描かれている点です。知識や技能、考えを備えているだけではなく、それを表現や実践できることを重視しています。

人物像	キーワード
スポーツを愛し、その意義と価値を自覚し、尊重し、表現できる人	人が好き、スポーツが好き、スポーツの意義と価値の理解
グッドプレーヤーを育成することを通して、豊かなスポーツ文化の創造やスポーツの社会的価値を高めることができる人	プレーヤーやスポーツの未来に責任を持つ
プレーヤーの自立やパフォーマンスの向上を支援するために、常に自身を振り返りながら学び続けることができる人	課題発見・課題解決、自立支援、プレーヤーのニーズ充足、卓越した専門知識（スポーツ教養含）、内省、継続した自己研鑽
いかなる状況においても、前向きかつ直向きに取り組みながら、プレーヤーと共に成長することができる人	逆境・困難に打ち克つ力、ポジティブシンキング、真摯さ、継続性、同情・共感、対象に合わせたコーチング
プレーヤーの生涯を通じた人間的成長を長期的視点で支援することができる人	プレーヤーズセンタード、プレーヤーのキャリア形成・人間的成長、中長期的視点
いかなる暴力やハラスメントも行使・容認せず、プレーヤーの権利や尊厳、人格を尊重し、公平に接することができる人	暴力・ハラスメント根絶、相互尊敬（リスペクト）、公平・公正さ
プレーヤーが、社会の一員であることを自覚し、模範となる態度・行動をとれるよう導くことができる人	社会の中の自己認識、社会規範・モラルの理解・遵守、暴力・ハラスメント根絶意識のプレーヤーへの伝達
プレーヤーやプレーヤーを支援する関係者（アントラージュ）が、お互いに感謝・信頼し合い、かつ協力・協働・協調できる環境をつくることができる人	社会との関係・環境構築、チームプレー、感謝・信頼、協力・協働・協調

図 5　JSPO による新たなフレーズの登場
出典：日本スポーツ協会（2023）p1 より抜粋

ない。なぜなら「指導者―選手」という関係を、恩顧的・庇護的関係に埋没させて捉える従来型の発想では、こうした近年の取り組みに内包されるSC的な視点を全く捉えられないからである。人々が同じ方向を向き、集団や各人の間に構築される協調的な行動を促進させるというテーマに取り組む点においては、スポーツとSCでは共通し、スポーツを単に楽しみたいという仲間同士が集まっているだけだとしても、そうした空間は普段では接点を持たない人々や社会的属性の違う人々を交流させるという社会的機能を潜在的に有している。SCが豊かな地域社会を構築するのであれば、メンバー同士の高い接触頻度や親密さを基盤に、連帯感や共通意識を醸成する「結束型SC」と呼ばれる「強い紐帯」が必要となる。ただ、このタイプのSCが強くなり過ぎてしまうと、かえって不都合が生じることもある。ある集団内で共通の規範を周知徹底させ、同調圧力が過剰になると集団の同質性が高まり、個人的には不本意であっても権威主義的な構造の中に組み込まれ、それがときに他の集団に対して排他的な色彩さえも帯びてしまうのだ。それゆえ、地域社会には狭いくびきから人々を解き放つ開放性や、集団間の連携を促す「橋渡し型」の関係性を拡大することも求められる。それが「橋渡し型ＳＣ」と呼ばれるものであるが、この「結束型」と「橋渡し型」どちらかが不足しても、また過剰になっても不具合が生じるため、均整の取れた関係性が求められるとされる。これらのダークサイドを整理すると、以下のように捉えられる（図６）。ＳＣ研究では、この二つのＳＣのバランスが崩れるとダークサイドが発生するとされており、そのため二つのバランスが取れていることの重要性は、これからの地域スポーツを検討していく際に重要な視点を供してくれる。

	結束型 SC が強すぎると… （例：家族内や民族グループ内のメンバー間の関係）	**橋渡し型 SC が強すぎると…** （例：異なる組織間における異質な人や組織を結び付けるネットワークの関係）
ダークサイド	✓ 地域社会内の各集団が分断され、孤立化。結果的に他集団とのネットワークが喪失。 ✓ 同調圧力のもと、たとえ不本意であっても行動を強要。 ✓ 身内だけのルールが横行し、結果的に規範が劣化。	✓ 特定の集団への結びつきが弱くなり、人と人とのつながりが希薄になりがち。 ✓ 地域社会への帰属意識が低くなる。 ✓ 町内清掃にみられる敬遠されがちな行動を取らせることが困難。

図６　二つのＳＣにおけるダークサイド

出典：筆者作成

４．適正な倫理観に基づく新しいスポーツ空間の構築 ―個人間等のネットワークをベースに社会全般への信頼構築へ―

そしてさらに、近年のスポーツ領域のＳＣ形成をめぐる取り組みの成果として位置付けられるのは、特定の個人間や集団内での信頼や規範の範疇を超え、社会全般への信頼を高めることをも視野に置いた試みも開始されてきた点である。図７は日本サッカー協会によるスポーツ空間の向こう側に描き出そうとする将来的な発展への道筋であるが、そこから看取できるのは、「スポーツを通じた社会の発展」という新たな局面が生み出されてきた点である。社会全体に対してスポーツ界側から何ができるのかについては、これまでほとんど主題化されてこなかった。長幼の序の思想がベースにある閉鎖的な上下関係のもとでは「結束型ＳＣ」を高めるようなマネジメントが重要視され、「橋渡し型ＳＣ」のような異なる組織間における異質な人や組織を結び付けるネットワークの関係に対する考え方は等閑視されてきたと言ってよい。確かにそうした要素は、例えばスポーツを通じて人類と世界に貢献するとしたオリンピズムの概念にも含意されてきたかもしれないが、重要なのは明示的とは言い難かった「橋渡し型ＳＣ」を基盤とする「社会にどう貢献していくのか」といったマクロな視点が、ここにきて「より明示化」されて折出されてきたという点である。例えばサッカー協会では、社会貢献やＳＤＧｓの達成につながる活動を「アスパス！」として推し進め、ロジックモデル化している（図７）。

　では、そのような傾向をどのように理解できるだろうか。この点を考察する際に有効な別のＳＣの捉え方も紹介しておこう。それは、ＳＣを「私的財」「クラブ財」「公共財」の３つの側面から見るアプローチである。日本におけるＳＣ研究の第一人者である稲葉（２００５）は、個人間のネットワークを「私的財としてのＳＣ」、特定の個人やグループ内での信頼や規範（互酬性を含む）を「クラブ財としてのＳＣ」、社会全体に広がるＳＣを「公共財としてのＳＣ」として捉えることの重要性を指摘している（図８）。

　それに照らし合わせると、指導者のための倫理ガイドラインやグッドコーチ育成といった一連のスポーツ界の人材

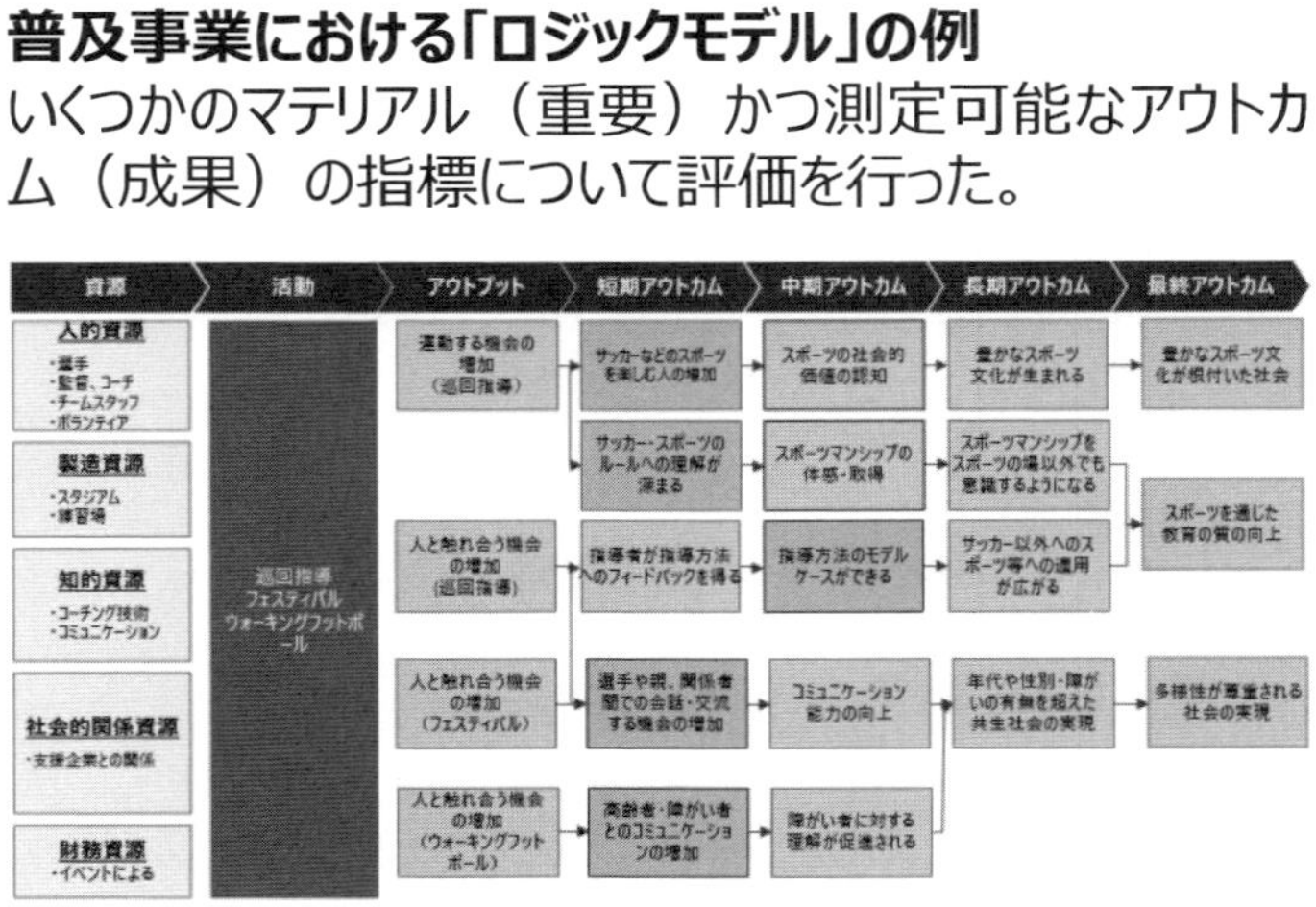

図７　「アスパス！」の中で明示化される「スポーツを通じた社会の発展」モデル
出典：日本サッカー協会（2024）p31 より抜粋

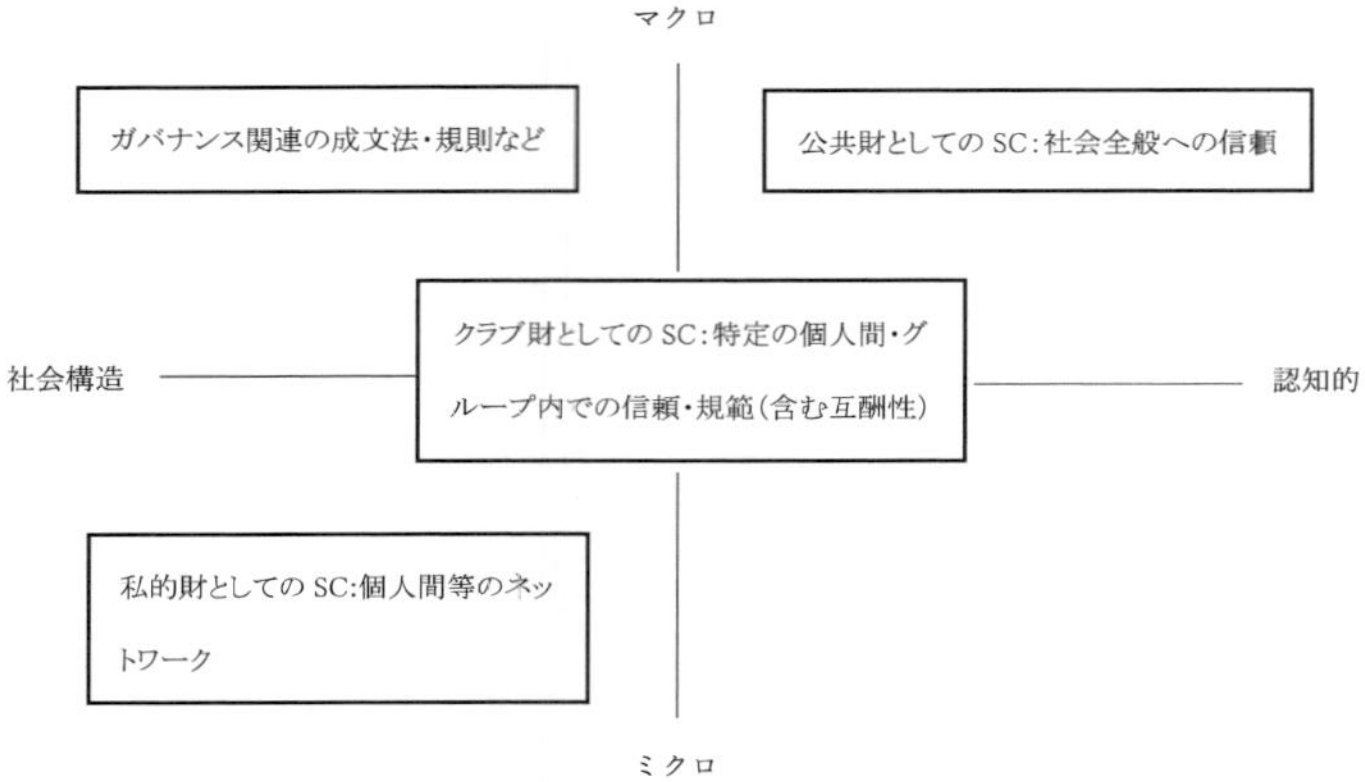

図８：３つの次元で捉えるSC
出典：稲葉（2021）p10より抜粋

育成の取り組みは、図８で描かれる「私的財」や「クラブ財」としてのＳＣ構築の取り組みとして捉えられよう。これらの取り組みの特徴は、従来の指導者育成が「指導者—選手」という二者の関係性を主に焦点化していたのに対して（私的財としてのＳＣ）、スポーツ集団やスポーツ界という特定のグループをも対象化しているところにある（クラブ財としてのＳＣ）。そしてさらに、特定の個人間や集団内での信頼や規範の範疇を超え、社会全般への信頼を高めることを企図し、「公共財としてのＳＣ」を構築していこうとするのが、サッカー協会の「アスパス！」となる。この捉え方は官製モデルとして何を目標としているのかを把握する上で、とりわけ有効な視点の設定の仕方となる。重要なのは、中央のスポーツ統括組織から発信される官製モデルのベクトルが、ＳＣという捉え方によってより具体化されて折出されるという点、また私的財やクラブ財などのＳＣと連関したかたちで、公共財としてのＳＣの構築という、近年の取り組みが概念化できるという点である。すなわち、指導場面の陰に隠れていた当事者同士の問題に過ぎなかった閉鎖的な関係性が、その枠を乗り越え、社会全体の適正な倫理観に基づく新しいスポーツ空間のあり方への関心が一挙に高揚してきたのである。そこでは、選手の主体性や自発性を強調する語法で、ＳＣ的要素に関心が向けられるようになったスポーツ界の大きな変化があり、さらに、特定の個人間や集団内での信頼や規範の範疇を超え、社会全般への信頼を高めることをも視野に置いた試みが開始されてきている今日的な地域スポーツの地殻変動をみてとることができる。

5．むすびにかえて　―ソーシャルグッドなスポーツと置き去りにされる人々の意思―

最後に、これからの地域スポーツの動向について雑駁ながらも展望を描いてみたい。その際、重要となるのがＥＢＰＭ（Evidence Based Policy Making）である。ＥＢＰＭとは、実証的なデータや証拠に基づいて政策を立案・実行するプロセスのことであり、政策の効果や影響を科学的な証拠やデータに基づいて検証し、政策の透明性、効率性、効果性を向上させる手段として広く認識されてきている。地域スポーツの今後を検討するならば、このＥＢＰＭがスポーツ政策にどのように展開されうるかを考えることは重要である。なぜなら、データをもとに地域スポーツが健康増進やコミュニティ強化にどのような影響を与えているかを評価することで効果的な政策立案が可能になり、そうした潮流は今後益々強まっていくと予想されるからである。このようなＥＢＰＭの観点からスポーツ政策を眺めてみると、果たしてどんな未来を描き出せるのだろうか。

スポーツ政策を大きく整理すると、主に①競技力向上のベクトル、②健康促進のベクトル、③コミュニティ形成のベクトルの３つにおそらく分類できる。まず①競技力向上のベクトルでは、長期的ビジョンに基づき、先端技術の枠を集めたトレーニング科学で選手を育成することが第一の目標とされ、特定領域におけるＥＢＰＭが実践されてきた。国際大会でのメダル獲得率や成績等は数値として明確化できるし、多大な報酬や名声を獲得できる可能性もあるので、それを達成しようとするインセンティブも大きく作動する。また②健康促進のベクトルでも、ウェアラブル端末等の普及で多様な身体活動データが収集され、どんな行動をとれば健康を管理できるかを示唆してくれる世界はすぐそこにある。併せてＫＰＩ（Key Performance Indicator：重要業績評価指標）として医療福祉関連の財政削減の設定も容易であり、健康関連機器の販売業績等、ＥＢＰＭを実践する上でのインセンティブも幅広く存在する。この点でスポーツ推進のための個別具体の事業活動やそれらに要する経費として投入された予算に対する活動の評価も比較的容易である。問題なのは③コミュニティ形成のベクトルである。①と②のベクトルでは、ＫＰＩを達成すれば、行政官や関係者において相応の昇給や報酬、名声を獲得できる可能性があるのに対して、③ではＥＢＰＭを実践する上でのＫＰＩの設定も分かりにくく不透明であり、①や②で作動してきたインセンティブも生じにくい。そのため、スポーツ政策の世界ではどうしても①と②に集中して取り組まれてきたという経緯がある。別言すれば、ＥＢＰＭの考え方とは最も遠いところに位置してきたのが③コミュニティ形成なのである。このような状況の中、現在の地域スポーツが目指す③コミュニティ形成の方向性をいかにＥＢＰＭ上の議論の言葉へと変換できるのか。その考え方の縦糸を成してくるのがおそらくＳＣである。コミュニティ内の信頼、相互支援、協力などは、公的制度や数値では表現しにくいが、ＳＣの視点を導入することで、スポーツ活動が地域社会においてどのように信頼やつながりを形成し、これらの無形資産がどのようにして地域全体の発展に貢献しているかを理解するフレームワークを提供しうる。つまりＥＢＰＭにＳＣの視点を取り入れることで、地域スポーツがもたらす信頼関係や協力意識のような質的成果も評価の対象とすることができるようになり、これによって、スポーツを通じたコミュニティ形成のより立体的な効果を捉える道も拓かれる可能性がある。この点はＥＢＰＭにおけるＳＣ研究の社会実装の将来的な議論に繋がっていくことになるだろう。

ただし、私などはＳＣの考え方によって「現場の理不尽の解消」を目指す稲葉のような研究者の意志には強く共鳴するものの（稲葉、２０２１）、スポーツ現場の歪みや理不尽を顧みることを避けながら、ＳＣの良い面のみを焦点化し、中央主導のシナリオに乗せようとする意志だけを感じると、一気に興醒めしたような気分になってしまう。補助線を一本引いておこう。注意せねばならないのはＳＣ形成や、その向こう側に描き出される「スポーツを通じた社会の発展」が提示されるとき、その筋書きが誰によって描き出されているのかということである。こうしたある種のソーシャルグッドな方向性はいかにも地域スポーツを現場で支える人々がそれらの視点を作り上げたかのようにも聞こえるが、決してそうではなく、言うまでもなく中央の統括機関がそうした構想を一方的に打ち立てているに過ぎない。つまり、総合型クラブの時もそうだったが、地域スポーツで地道に活動する人々には、「設立数」が自己目的化した官製モデルを模倣するのとは別のプロセスがあり、そのプロセスは提唱者たちが想定するほど単純ではない。草の根で活動する人々は、官製モデルで描かれないSCのダークサイドにも向き合わなければならないのである。本来、豊かなコミュニティの形成に必要な民主主義の根幹は市民の一般意思にあるはずだが、スポーツの分野を見渡すとそれが著しく欠落している。地域スポーツを支える人々の意思表明の手段はほとんど存在せず、仮にあったとしてもその網目が粗すぎて、官製モデルに対する実質的な意思反映が困難な状態にあるのだ。地域スポーツを支える人々の意思を反映する手段がほとんどなく、存在しても、官製モデルに実質的に影響を与えるには不十分な状況なのである。地域で苦悶する人々の実態はどこへ追いやられてしまったのか。この現実から目を背け続ける限り、「スポーツを核とした豊かな地域コミュニティの創造」という総合型クラブ育成の基本理念は遠い目標として残り続け、どれだけ時が経とうとも、地域スポーツで活動する人々は、少なくとも制度上は官製モデルを「追従させられる」存在に留まるだろう。

本稿で跡付けてきたように、スポーツが社会貢献の手段として期待される中、各団体はどれだけ社会に貢献できるかを競うかのような状況がこのところ生まれている。「フエアプレイ」や「グッドコーチ」といったフレーズが繰返されるが、これらはしばしば表面的な標語に過ぎず、実際には政策立案者たちがトップダウンで強制する価値観に基づいている。現場の指導者や選手たちは、こうした標語に従うことを強いられ、本来のスポーツが持つ自主性や多様な価値観が押し潰される危険性を孕んでいることには留意しなければならない。簡単に言えば、近年のスポーツ界の取り組みの成果として位置付けられるのは、「スポーツを核とした豊かな地域コミュニティの創造」といったSCの良い面のみを全面に押し出す、自らのビジョンに対して高い確信を示すプロットの拡散であり、実際にはそこに埋め込まれた同調圧力のもとに、官製モデルを追従させる勢いが加速してきているとも読み取れるのである。

ソーシャルグッドという近年普及されてきた独特な形にはEBPMという重たい条件が刻み込まれ、その視点からは十分な解明がなされてきていない中、新たなスポーツ空間の構築に向け、そのあり方が「ＰＡＴＲＯＬ」「グッドプレーヤー」といったフレーズで表現される取り組みの中にヒントがあるのなら、ＳＣ研究はそんな状況に対して新しい地平を切り拓いてくれるかもしれない。とはいえ他方で、大上段に立ったソーシャルグッドな言葉は日々のクラブ運営に奔走する人々の耳に入っても、行動に結びつくとは限らず、むしろ独自の活動意義や人々の多様な運動欲求を後景へ退かせかねない。ソーシャルグッドが現在の地域スポーツにおいて非常に重要な位置を占めてきているという時勢に対峙しなければならないとするのなら、現代の地域スポーツに託された責務は極めて重大であり、官製モデルから課される使命は限りなく重い。現在の地域スポーツの情勢はそうしたフェーズにあり、全国に３５００以上設立されたとする総合型クラブへの筆者の足取りが重くなってしまう理由は、おそらくそこにある。

（中央大学総合政策学部教授）

※本研究は中央大学特定課題研究（２０２２‐２０２４年度）およびＪＳＰＳ科研費１８Ｋ１０８９７、２２Ｋ１１５８４の助成を受けたものです。

【参考文献】


小林勉（２０１３）『地域活性化のポリティクス』、中央大学出版。

小林勉（２０１８）『スポーツで挑む社会貢献』、創文企画。

稲葉陽二編（２０２１）『ＳＣからみた人間関係―社会関係資本の光と影―』、日本評論社。

日本体育協会（２０１３）「総合型クラブ育成プラン２０１３―地域住民が主体的に参画するスポーツ環境の構築を目指して―」https://www.japan-sports.or.jp/Portals/0/data/kurabuikusei/doc/club_ikusei_plan2013.pdf（参照日２０２４年６月27日）。

日本スポーツ協会（２０１８）「スポーツ指導者のための倫理ガイドライン」https://www.japan- sports.or.jp/Portals/0/data/katsudousuishin/doc/rinri_gidelines.pdf（参照日２０２１年７月27日）。

日本スポーツ協会（２０２３a）「総合型クラブ育成プラン２０２３‐２０２７」https://www.japan-sports.or.jp/Portals/0/data/kurabuikusei/doc/ikuseiplan2023-2027.pdf（参照日 2024 年７月２日）。

日本スポーツ協会（２０２３ｂ）「ケーススタディから考えるグッドコーチング―グッドプレーヤーのさらなる育成をめざして―」https://www.japan-sports.or.jp/Portals/0/data/ikusei/doc/casestudy_good-coaching_workbook_2023-04.pdf（参照日２０２４年８月13日）。

日本サッカー協会（２０２４）「ＪＦＡサステナビリティレポート２０２２‐23」https://www.jfa.jp/social_action_programme/SDGs_report.pdf（参照日２０２４年７月２日）。

日本スポーツ振興センター（ＪＳＣ）公式サイト https://www.jpnsport.go.jp/corp/ambassador/introduce/tabid/557/Default.aspx（参照日２０２４年８月２日）。

【特集】地域スポーツの現在

総合型地域スポーツクラブの中心地、神戸はいま

常行泰子

1. はじめに

「神戸」といえば、北野異人館や南京町、メリケンパークといった華やかな観光名所や美しい夜景を思い浮かべる人は多いかもしれない。シンボルマークである神戸ポートタワーは大規模改修を終えて賑わいを見せ、最先端のファッションや外国文化がいち早く定着した三宮・元町エリアの休日は今も人通りが多い。スポーツ関係者であれば、神戸が日本マラソン発祥の地であり、サッカーやラグビー、テニス、ゴルフ、乗馬など多くのスポーツがいち早く取り入れられ、近代スポーツの発展に大きく寄与した港町であることは周知の事実であろう。

しかしながら、神戸は陽のあたる場所ばかりではない。近年では中心地の空きテナントが目立つようになり、「廃墟モール」と呼ばれる人工島のビルやオフィス、乗車数の減った新幹線の停車駅などは企業流出が進んだ痕跡を感じる。かつて「株式会社神戸市」と言われた時代のイメージを持つ人は減り、「若者に選ばれるまち」を目指した方策が検討され、大学や企業の誘致、駅前などの市街地再開発

計画等が進められている。阪神淡路大震災で壊滅的な被害を受け１４２万人まで減少した人口は、１５４万５千人（２０１１年）まで回復したものの再び１５０万人を割り込み、政令指定都市としての人口減少率が著しい。その背景と要因については様々な角度から検証されているが、市長はじめ自治体が打ち立てた諸施策が功を奏していない等、厳しい意見も各方面から出ている。

そのまち神戸の、総合型地域スポーツクラブが現在どのような状況にあり、課題を抱えているのか。クラブを取巻く現在の状況について、スポーツ団体や教育関係者及び行政等のステークホルダーから情報を収集し、課題や展望について検討する。現在は、総合型地域スポーツクラブ育成委員会委員（公益財団法人兵庫県スポーツ協会）を務めるなど、公益性が求められる地域スポーツの最前線にいるが、以前は民間の領域でフィットネス産業に長年携わってきた。いわば対極的な立場から得た経験と知識を基に、神戸における総合型地域スポーツクラブを論じることにする。

2. 神戸における総合型地域スポーツクラブの歴史と特徴

神戸市は兵庫県南東部に位置し、県庁が所在する政令指定都市である。三宮・元町がある中央区以外にも９つの区から構成され、広大な農村部である北区・西区を包含する等、エリアによって地域特性は大きく異なる。現在、神戸市にある総合型地域スポーツクラブ（以下、総合型クラブ）は、国の方針に基づいて当時の県知事がトップダウンで設立したクラブと住民主導で育成された少数のクラブが混在しており、まずその歴史について整理する。

神戸市では、１９９５年1月に起きた阪神淡路大震災の後、新しい復興のまちづくりに合わせて子どもから高齢者、障がい者、アスリートを含めたすべての人々がスポーツに親しみ、健康づくりができるまち「神戸アスリートタウン構想」を推進してきた。そして１９９７年から総合型クラブの育成が始まり、兵庫県下にある全８２７小学校区において、総合型地域スポーツクラブの育成補助事業が

2000年度にスタート、当時約108億円の巨費を投じて、「スポーツクラブ21ひょうご事業」により多くのクラブが設立された。神戸市は推進委員会を設置し、兵庫県の法人県民税の超過課税を財源とした補助金を活用しながら神戸総合型地域スポーツクラブ（以下、SC21）の設立と活動の支援体制を整備、神戸アスリートタウンの中核として推し進めてきた。創設期から萌芽期にかけては山口（2006）に詳述されており、ほか黒須（2007）・水上（2009）・伊藤（2019）・與那覇（2024）らの貴重な知見も併せて参照されたい。事業初年度は83クラブだったが最終年度となる2005年度には827クラブ、34万3千746人の会員が、兵庫県下の総合型クラブに在籍した記録が残っている。神戸では、当初の設立目標10クラブであったが、市内170小学校区のすべてに総合型クラブが設置され、2007年のピーク時には4万4千57人が会員として記録されている。「①幅広い地元住民による役員構成、②住民の自主運営、③受益者負担、④スポーツクラブから文化活動まで含まれる」などが特色であり、会費や活動費の多くは数百円から二千円程度と極めて安価である。この先進的なトップダウンの取り組みは注目を集め、一定の評価を受けてきたことは間違いがない。しかし設立から約30年近くが経過し、時代の移り変わりと共にクラブの在り方も変容してきている今、神戸を取巻く地域のスポーツ事情も変わりつつある。

現在、神戸市内にある総合型クラブは先述したスポーツクラブ21ひょうご事業によるものが圧倒的に多く、「神戸総合型地域スポーツクラブ」と「SC21」は同義として扱われている（但し、本来の「SC21」は神戸市以外の兵庫県下にある総合型クラブも含む）。神戸市文化スポーツ局によると、SC21は162クラブ（全163小学校区）、会員数は3万7千917人であるという（2024年9月現在）。約4割は小学生が占め、ピーク時と比較して8クラブ減（マイナス4・7%）、会員数は6千140人（マイナス13・9%）が減少している。クラブ数の内訳は、北本区（19クラブ）と北神区（14クラブ）を合わせた北区が33クラブと最も多く、次いで西区（29クラブ）、垂水区（22クラブ）、須磨区（20クラブ）と郊外に多い傾向がある。一方で、都市部では中央区（10クラブ）、東灘区（14クラブ）、灘区（12クラブ）に設置されている。種目数は1千290部（2023年度）展開されており、運動系はバレーボール、野球、卓球、サッカーの順に多く、文化系はコーラス・合唱、生け花、和太鼓などが多い。活動の中心は土日と平日夜間であり、多くの会員が「特定の種目」に取り組み、クラブ内に指導者の立ち位置を持たない活動が多い特徴がある。また、障害児者の割合や部活動の受け入れ実績の詳細については、現段階で情報が集約されていない。

ＳＣ21は、受益者負担で独立した各クラブによる自主運営とされているが、神戸市では、かつて学校施設開放事業で活動していた単一種目の団体がそのままＳＣ21に移行した沿革がある。そのためクラブ運営委員や役員には顧問として小学校校長が配置され、教頭や学校施設開放運営委員会会長、青少年育成協議会会長、まちづくり協議会委員長、ＰＴＡ会長、指導者などが携わる場合が多い。各クラブは、それぞれの小学校における施設開放運営委員会と運営理事会が発行する「施設開放だより」「学校開放 スポーツクラブだより」などで活動内容や図書室の案内、イベント開催の予定などを広報し、クラブの規約を守れる人であれば校区に関係なく参加できることを原則としている。昨年４月には、灘の浜さくらスポーツクラブのように小学校を拠点とした新しいＳＣ21も生まれた。このクラブは現時点で小学生が中心となっているが、障がい者野球や親子スポーツ体験など多様な地域住民が参加できる機会が設けられ、今後は総合型クラブとしてホームページを作成する予定になっている。

ＳＣ21以外にも強い存在感を放つクラブが存在する。総合型クラブのパイオニアである「神戸レガッタ＆アスレチッククラブ（ＫＲ＆ＡＣ）」は、１８７０年9月、薬剤師で実業家のスコットランド人 Alexander Cameron Sim によって創設された１５０年以上の歴史を持つ関西最古のスポーツクラブである。ＫＲ＆ＡＣは、現在もテニスアカデミーの活動が盛んで、ヴィッセル神戸出身の選手が国際サッカーアカデミーを開催するなど子どもの指導を行うほか、ゴルフ、抜刀、クラシックバレエ、英会話教室等が展開されている。施設は老朽化しているが立地は良く、２０２０年には楽天ヴィッセル神戸株式会社の副会長をはじめ、神戸にゆかりのある企業役員がクラブの会長・顧問等に就任するなど財界とも距離が近い。また「垂水区団地スポーツ協会（団スポ）」は、中学校社会科の教科書に紹介された著名なクラブである。１９６９年12月に誕生したこの「団スポ」は、近隣にある5つの団地から住民が集まり、野球、バレーボール、卓球の3部でスタートした自然発生的なクラブとされる。拠点となる矢元台公園を何度か訪問し、利用者や団地住民にクラブの歴史を説明して現在の状況を尋ねた。「…団スポ？ 今もあるよ！」と、一部の高齢者から力強い言葉が返ってきた。但し種目数は減り、少年野球やピンポン（卓球）などを行っているとのこと。クラブハウスも健在、80歳以上の高齢者仲間でラジオ体操をすることもある。規模が縮小されたことで以前あった組織体制は維持していないようだが、現在も公園の管理会・調整会がグラウンドの占有利用の予約を受け付けていると教えてくれた。団地ブーム全盛期に多くの住民で賑わった公園は、いまも古き良き時代を静かに醸し出している。

3．ニューフェイスの誕生

日本スポーツ協会が運用を開始した総合型クラブの登録・認証制度では、兵庫県で基準をクリアした18クラブのうち、神戸市から6つのクラブが登録された（東灘区・北区各2、灘区・兵庫区各1）。このうち4クラブは、ここ5～6年の間に設立された新しいクラブである（既存のSC21を複数統合して新たな1つのクラブになった「特定非営利活動法人クラブ北神」を含む）。この登録制度については、より公益性の高い「社会的な仕組み」として、永続的に充実した活動を行える持続可能性も必要となる。神戸市では、市立学校の体育施設は学校開放や部活動で既に活用され、中学校も部活動やICTによる夜間開放を現在行っている。市内体育館は、指定管理者制度で民間や公益財団法人等が実質的に運営しており、利用者が多く予約困難な地域も多い。SC21の事業終了後にできた新たなクラブがこれらの施設を利用して参入することは容易ではない。新設クラブの詳細な情報は集約されていないが、生活協同組合のレンタル体育館や近隣の公園施設などを利用して、クラウドファンディングを活用する等、民間企業に近い柔軟な運営を行っている。

「神戸初！ 倉庫を改修した体育館を作ってスポーツができる環境を！」と題し、クラウドファンディングのウェブサイトに掲載された登録クラブがある。「共に競い、興しむというスポーツ本来の楽しみを提供するコミュニティ」を目指して2022年2月に始動した「神戸ディプロ

（神戸市兵庫区）」は、スポーツ科学を学んだ若者2名が一般社団法人として総合型クラブを設立、バスケットボール、バドミントン、ヨガ&フィットネスなどを展開する。2024年には、まちなかスポーツ協定を市と締結するなど、地元に密着した運営を行っており、将来性のあるクラブと期待が寄せられている。また、2018年4月に設立された「特定非営利活動法人親和スポーツネット（神戸市北区）」は、神戸親和大学（設立時は神戸親和女子大学）を拠点として地域住民も運営に携わり、一般的なスポーツプログラムの他、障害を抱える学童期児童の療育プログラムを放課後デイサービスとして行っている。子どもの運動能力開発を目的としたアカデミー開催等、教育研究機関ならではの専門的な事業が行われ、北区を中心とした地域スポーツを盛り上げている。

4．クラブが抱える課題と問題点

全国的には、「クラブ運営を担う人材の世代交代・後継者確保」「指導者の確保（養成）」「会費・参加費など受益者負担による財源確保」などが総合型クラブの課題となっており、神戸も同様の傾向にある。会員数の減少や高齢化、担い手の固定化など問題は多い。総合型クラブをいかに支援・育成するかについては、連絡協議会をはじめ、兵庫県や神戸市のスポーツ協会、行政の担当部局など各組織団体が連携して対応しているが、いささか複雑な構造となっており、実務担当者の理解不足や組織体制の棲み分けが明確になっていない点も示唆されている。

神戸に特有の問題として、学校の施設開放との兼ね合いが指摘されている。神戸市では、学校施設開放事業とSC21という2つの制度が並列して続いてきた歴史があり、総合型クラブが発展しない要因の1つとも指摘されている。学校施設開放事業は、市民の交流・生涯学習の拠点として使用することを念頭に、学校運営委員会責任の下、目的外使用として神戸市立学校の運動場や体育館などの施設使用料が一律に免除される。営利目的でなく、教育上・管理上支障がない等の条件を満たせば、総合型クラブもこの制度を利用できるが、市へ登録するにあたりスポーツクラブへの加入を条件にはできない（但し、任意であれば可）。適正な事業運営を行う委員会には、事業費の一部が補助されるが、学校・スポーツクラブ・運営委員会のいずれで購入された備品なのか曖昧になるケースも指摘されている。また仮に、子ども向けスポーツ教室を開きたいNPO法人があっても、月額等の会費を徴収して教室を開く場合の利用はできないのが原則となっている（但し、運営委員会が主体で教室を開くなど、指導者としてNPOを招き「都度謝金」を支払う場合は除く）。法人格を取得しようとするクラブはあるが、高みを目指せば別の拠点を探す必要があり、制度設計の変更を求める声も出ている。

このようにSC21は、いわゆる「学校文化」の中で育まれた経緯があることから、これまで学校と関わりのなかったステークホルダーと新たに連携する場合や住民ニーズの実現において、少なからず障壁のできる場合が存在する。学校管理職が一定の権限を持ってクラブ運営に携わっているため、新しい活動への取り組みは「校長先生が嫌がるかもしれない。仕事増えるから」と関係者は笑う。真夏の昼間、汗まみれになってスポーツ用具を片付けていた高齢の住民に声をかけると、「市は学校開放を軽く見ているっていうか…」と今後の活性化について難色を示す。本来学校が担う教育活動以外でも住民の安全と健康を守り、社会教育の拠点となること等、学校が抱えている負担は想像以上に多い。これまで多くのSC21が地域の人々に必要とされ続けているのは、ボランティアでクラブ運営に関わる学校関係者や、地域にいる協力者の多大な貢献があるからに他ならない。教員の働き方改革と共に、管理職が担う責務についても今後議論していく余地があるのではないだろうか。

また、SC21については「市民の認知度が低い」と指摘されている。神戸市民を対象とした意識調査では、神戸総合型地域スポーツクラブ（SC21）について「全く知らない」と回答したのは67・6%であった（神戸市民スポーツ意識調査報告書、2019）。SC21の「会員である（1・4%）」、「以前、会員であった（1・9%）」は合計3・3%と、加入に関する割合も低い。「土日に学校でやってるスポーツのこと?」「子どもの友達が行ってるけど…あれが総合型?」といった感覚を持つ保護者は少なくない。近年、男子児童のスポーツクラブ離れが指摘されているが、仮にSC21会員であっても、それが総合型クラブであるという認識を持たないまま関わりを持っている可能性が予測できる。同調査では、「自宅近くに自分のしたいスポーツの施設や教室がない」「お金をかけずにスポーツを始められるような機会を提供して欲しい」「病気や障害などでも参加できる教室を開催して欲しい」「神戸市がどのようにスポーツを推進しているのか知らない（情報が少ない）」など、身近な学校を拠点にした総合型クラブが解決できるニーズもいくつか示されており、一定の伸びしろが存在している。

現在、スポーツ情報サイト「KOBE SPORTS WEB」が稼働しているが、特別なイベントを除き、定期的な教室やお知らせなど、神戸にある総合型クラブの全般的な情報は直接閲覧ができない。ＳＣ21についてはリンク先に情報があり、ごく一部のチームがInstagramなどのＳＮＳから情報を発信している。そのため住民の多くは、学校による案内や口コミ、公的施設等に置かれた紙媒体からしかクラブの存在を知ることができない。子どものいない家庭や単身者は、仮に居住年数が長くても近隣に総合型クラブがあることを知らないケースが少なくない。さらに、クラブ役員・運営委員の多くは高齢化しており、今後のクラブ運営をささえる次世代を育成できていない課題もある。総合型クラブの評価指標が「量から質へ」転換したことで、質を構成する要素やクラブの自立過程に関して、與那覇ら（２０２４）が先んじて研究を進めている。自己評価やガバナンスコードの点検も含め、様々な角度から今後検証が進められるが、最終的には、総合型クラブを利用していない住民も含めた、クラブ内外による評価のトライアンギュレーションが必要と考えられる。

５．部活動の地域移行を受けて

総合型クラブが再び脚光を浴びる契機ともなった部活動の地域移行は、活動の活性化を目指す総合型クラブにとって大きなチャンスとなる。神戸市は、国の地域部活動推進事業を活用したモデル事業に取り組み、２０２６年９月から「ＫＯＢＥ◆ＫＡＴＳＵ」として、平日・休日とも全面的に地域へ部活動を移行する旨を示した。第１回検討委員会を２０２２年11月にスタート、教育関係者以外にも神戸総合型地域スポーツクラブ全市連絡協議会や神戸市スポーツ協会、民間のスポーツデータバンク等が協議を進めてきた。神戸市にある公立中学校（82校）では、現在９８１部（運動部６９６部、文化部２８５部）、全児童・生徒数３万３千９７０人の88・８％にあたる３万１６５人（運動部2万1千309人、文化部8千856人）が、部活動に参加している。市では以前より部活動指導員を導入しており、約4分の1にあたる部活動の運営や指導技術に携わる外部顧問・支援員を配置してきたが、2021年から神戸市教育委員会が公募・審査を行い、バスケットやテニス、水泳などの種目を実証事業として民間企業へ委託している。

SC21を対象とした中学校部活動の地域移行に関するアンケート調査（2023）では、「中学生向けの指導者が不在、練習時間、場所がない」「教師の負担軽減の一案とは思うが、地域のボランティアに丸投げするのではなく、予算の裏付けのある専任のスポーツ指導者を制度化するのがよいと思います」など多様な意見が寄せられた。興味深いのは、「…小学生から中学生、高校生、大人までの幅広い年齢層を抱えるスポーツクラブにとっては、現在中学生の部活動に求められている教育的視点を踏まえた活動を同時に実行できるかどうかの判断は難しいと感じる。幸い神戸市では総合型地域スポーツクラブで各地域にスポーツクラブがあり、指導者も集めやすく、地域で小学生の頃から培ったスポーツを一貫して指導できるような地盤はあるのでうまく活用すれば、『地域での一貫した継続指導』がかなうのではないかと感じます」など、総合型クラブが受け皿になることで、学校体育から生涯スポーツへ繋がっていく可能性と意義をクラブ自身が見出している点である。

一方で、「総合型は、同好会やサークルっていうか…指導という面でちょっとね。現実的には、僕たちが個人的なつてを頼ってお願いすることになると思う…責任の面でも」と、子どもの安全性や教育面を懸念する現職教員もいる。SC21は、社会体育の一環として活動を行い、クラブや学校は責任を負わないことが基本となっている。前教育長は会見で「事業を委託するということであれば、教育委員会なり学校がそういう責任体制をとれるわけですが、これは完全に地域移行となりますと結局、受け皿団体の方で全ての責任を負っていただくことになります」と示し、今後の方向性が注視される。クラブ設立時から子どもを取巻く環境が大きく変化し、ハラスメントも含めた責任の所在を鑑みると、小学校を拠点とするSC21が積極的に関与していくにはいくつかのハードルを克服する必要がある。現段階では、神戸市各区から1ないし2クラブが実験的に部活動の地域移行に取り組む予定となっており、校長会や各クラブを含めて話し合いを重ねている。中学校区は種目によって受け入れを始めたクラブも出てきているが、本格的な稼働はこれから、という段階である。昨年度からは、兵庫県中学校体育連盟（中体連）が、地域のスポーツクラブに所属する選手の主催大会への参加を認めたことも追い風となっている。教育委員会や校長会と連携しつつ、「やれるところからやってみる」と意欲あるクラブも出てきた。

猛暑の影響で、休憩時間（20分間）の外遊びが禁止されている小学校もあり、ポストコロナも子供の体力低下や健康に関して保護者の懸念は続く。屋外で活動できる学校の時間は極めて少なく、早朝か夕方以降の授業外の時間が、屋外スポーツに取り組める貴重な時間帯となる。活動種目や指導の専門性、保護者対応といったサービスの面でも、新旧含めた総合型クラブにチャンスが生まれている。部活動の地域移行には、学校と地域の調整をするコーディネーター役など「運営体制の充実が必要」（山口、2022）とされており、教育機関との連携が密にできれば、総合型クラブが持つ可能性の広がりが期待できる。

6．今後の方向性と展望

現在、兵庫県スポーツ推進計画（第2期）ではSC21のリストラクチャリングが検討され、地域の実情に応じて中学校区に範囲を拡げるなど、市町単位での統合も考えられている。神戸総合型地域スポーツクラブ全市連絡協議会の代表は「リストラクチャリングとは、再構築という意味。10年計画にもあるように、再構築をしなければならない時期にきているため、みなさんも協力してほしい」と関係団体に呼びかけている。この総合型地域スポーツクラブ拠点（モデル）クラブ10年プランでは、地域スポーツコンソーシアムを設置し、法人化を含めた自主運営を行い、持続可能なクラブ運営を目指す。主に小学校区に設置された神戸の総合型クラブは量から質への転換期を迎え、当初示されていた国の指針どおり中学校区が拠点になるなど、「最適化」への道を模索することになる。

また、兵庫県スポーツ協会が主催し、県を代表する総合型クラブや各大学の協力により、「次世代のクラブマネジメント人材育成プロジェクト」が昨年度より始動している。このプロジェクトの目的は、クラブ運営に必要なマネジメントに関する基礎的知識を有する人材やリーダーを育成することであるが、大阪・京都・神戸から集まった大学生が様々な研修や体験企画に取り組み、総合型クラブを取巻く現状や課題把握、クラブマネジャーの役割について学ぶ。昨年提出された参加者のレポートを拝見すると、地域スポーツの最前線に立つ経験や裏方を知る重要性が記述され、理論と実践の往還により深い学びの成果が伝わってきた。卒業後も地域スポーツで活動したい、貴重な経験を今後に活かしたい、といった前向きな感想が示され、総合型クラブの未来が明るく感じられた。

7. おわりに

時代の変化と共に総合型クラブが息づく神戸では、身近な小学校や団地を拠点としたSC21や団スポ、国際色豊かなKR&ACを中心に地域スポーツが推し進められ、クラウドファンディングやSNSを活用した新しいクラブ文化が生まれた。住民はもとより、教育機関や地域の関連団体、行政等が連携して情報を共有するなど、公益性の高いアットホームなまちの居場所となっている。神戸市では給食の調理や児童相談所、医療・福祉など公共性の高いサービスが民間委託され、中には撤回を求める陳情が出ているものもある。近い未来には、自治体サービスそのものがAIに委託される可能性がある一方で、PTAや自治会など昔ながらの任意団体は弱体化しつつある。PPP／PFIをはじめとする民間活力に頼る風潮がある昨今、神戸の総合型クラブや地域スポーツは、今後、誰がどのように受け継いでいくのか。

地域には、SC21のように身近な場所で、誰もが参加しやすいスポーツや文化に触れる機会はそれほど多くはない。様々な状況や地域ニーズはあるが、所得が十分でない住民の立場からすれば、誰もが気軽にアクセスできる総合型クラブが身近にあることは心強い。徒歩圏内の開かれた場所へ行き、手ごろな価格で健康づくりやスポーツ、近隣の人々と接点を持てる機会は、地域愛着を高め、幸福度に強い影響を及ぼすと推察される。産業振興だけでなく公益性も大切にする豊かなまち、として暮らしやすさや居心地の良さにもつながるだろう。様々な格差が広がるわが国で、経済的に困窮している人々が日常的に取り組めるスポーツへのアクセスは以前より減少している。営利目的の民間企業が担う範囲外にも、スポーツを必要とする人々が存在する。今後進められる総合型クラブの「最適化」は、地域住民が暮らす「まち」への安心感や信頼性を左右するものにはならないだろうか。スポーツ基本法第21条の趣旨に基づいた施策が、国及び地方公共団体には求められている。障がいのある人や外国人、子どもや高齢者など多様な属性やバックグラウンドを持つ人々が、日常生活の中で関わることのできるスポーツの機会は、時代が移り変わっても多くの可能性を秘めている。総合型クラブの社会的・文化的価値は、デジタル社会のさらに先の時代において、改めて見直されるときがやってくるかもしれない。

神戸で学ぶ学生と留学生に問いかける。

「卒業後も、ずっと神戸に住みたいですか?」

令和を生きるZ世代は、冷静にまちを分析する。仕事や結婚、子育てはできるのか。居心地の良い場所は得られるのか。感動や発見する楽しさは見つかるのか。かつて外国人を受け入れ、異文化の中で栄えた港まち神戸。身近にある総合型クラブが地域の開放的なプラットフォームとなり、誰1人取り残すことのない持続可能なまちの拠点になることを願っている若者は、決して少なくない。

（神戸市外国語大学）

【文献】

部活動の地域移行のあり方検討委員会（２０２３）「中学校部活動の地域移行に関するアンケート調査」chrome-extension://efaidnbmnnnibpcajpcglclefindmkaj/https://www.city.kobe.lg.jp/documents/57813/202301arikatakentoui.pdf（２０２４年９月１８日閲覧）。

兵庫県スポーツ推進計画(第2期)（２０２４）「令和６年度実施計画」。

稲葉慎太郎・山口泰雄（２０１４）「総合型地域スポーツクラブの運営評価の特徴のソーシャル・キャピタル形成による比較研究―「スポーツクラブ21ひょうご」のケーススタディ―」『体育・スポーツ科学23』１‐10頁。

伊藤克広（２０１９）「地域スポーツクラブの自立と持続可能性」『兵庫県立大学政策科学研究所』、株式会社ルネック。

KOBE REGATTA AND ATHLETIC CLUB ホームページ https://www.kr-ac.org/top（２０２４年９月１８日閲覧）。

神戸市教育委員会事務局（２０２４）「令和６年度学校施設開放の手引き」。

神戸市民スポーツ意識調査報告書（２０１９）chrome-extension://efaidnbmnnnibpcajpcglclefindmkaj/https://www.city.kobe.lg.jp/documents/35227/besshi1314.pdf（２０２４年９月１８日閲覧）。

神戸市スポーツ協会（２０２３）「神戸体育」１２６号。

神戸市スポーツ推進審議会「令和２年度議事要旨」。

神戸市スポーツ推進審議会「令和３年度第１回議事要旨」。

神戸市スポーツ推進審議会「令和３年度第２回議事要旨」。

神戸市スポーツ推進審議会「令和4年度議事要旨」。

KOBE SPORTS WEB（2024）https://kobe-sportsweb.com/（2024年9月18日閲覧）。

黒須充（2007）『総合型地域スポーツクラブの時代　第1巻　部活とクラブとの協働』、創文企画。

水上博司（2009）「総合型地域スポーツクラブの課題と到達点」『現代スポーツ評論20』、創文企画、87-93頁。

スポーツクラブ21ひょうご　全県連絡協議会（2024）第1回理事会議事録資料。

山口泰雄（2006）『地域を変えた総合型地域スポーツクラブ』、大修館書店。

山口泰雄（2022）「地域スポーツクラブの未来は？　会員減少で2極化」『朝日新聞デジタル』https://www.asahi.com/articles/ASQ6L72P5Q68PIHB01X.html（2024年9月18日閲覧）。

與那覇秀勲・伊藤克広（2024）「総合型地域スポーツクラブの組織能力が目標達成に及ぼす影響に関する事例研究」第35回兵庫体育・スポーツ科学学会。

【特集】地域スポーツの現在

地域における内発的実践としてのスポーツの展開

植田　俊

1．地域における内発的実践としてのスポーツ

地域の課題解決も視野に入れてコミュニティの拠点となるスポーツクラブの育成をめざすと宣言したスポーツ立国戦略（２０１０年）や、２０１７年5月にはじまった「運動部活動のあり方に関する総合的なガイドライン」作成を契機に進められている運動部活動の地域移行策、地域におけるスポーツの場づくりを目標の主軸に置く現行の第３期スポーツ基本計画（２０２２年）など、現在取り組まれているスポーツ振興は「地域社会」をメインターゲットに据えている。ふり返ってみれば、上記政策の源流にある「みんなのスポーツ／生涯スポーツ」、「コミュニティ・スポーツ」、「社会体育」にもこの姿勢は一貫していた。この一連の政策に共通しているのは、もともと地域社会にはなかった新たな発想・取り組みとしてのスポーツを外から挿入することで、地域課題の解決や社会の再編、スポーツの発展を企図している点にある。その志向は、地域におけるスポーツ団体を運動部活動の「受け皿」（令和４年６月『運動部活動の地域移行に関する検討会議提言』）と表現してい

るところに端的に現れていると思う。

さて、政策側がどんな論理で地域にスポーツを導入しようともくろんだとしても、それがどんな形で実現するかは「地域の実情」(スポーツ庁・文化庁、2022、4頁)によるといえる。結局のところ、プレーしたりイベントを企画・実施したり、チームやクラブを運営したりする(=実践する)のは地域住民であり、仕事・家庭・友人・近隣など様々な関係や事情をもつ中で地域住民は集まりスポーツは実践されるからである。よって政策側の意図のみに立脚して、議論を深めないままとにもかくにも「運動・スポーツを地域に導入するのだ」と決め打ちしてしまう前に(1)、どんな運動・スポーツが地域では実現可能か、どんな関係が地域でのスポーツを可能にするのか、このことを考える必要がある。

そこで本稿では、政策としてスポーツが振興される以前から地域のために住民が主導して積極的に行ってきたスポーツ実践を取り上げる。外から地域にスポーツを挿入し根づかせようとする政策にたいして、地域の内から動出した「内発性」をもつスポーツ実践の事例を検討することで、地域にとって意味あるスポーツ活動がどのようにして成り立つのかを明らかにしてみたい。取り上げるのは、札幌市南区石山地区の「石山スポーツ振興会」である(2)。

2. 事例：札幌市南区石山地区

石山スポーツ振興会は、札幌市南区石山地区にて活動している地域スポーツ組織である。石山地区は、札幌市中心部から地下鉄とバスを乗り継いで約45分、自家用車では国道230号線を定山渓温泉方向と支笏湖方向に道路が分岐する地点まで約15km、約30分南下した場所に位置する。明治初期に北海道開拓使の一員としてやってきた石材(札幌軟石)採掘者と農業者によって開かれ、昭和初期の選鉱場の開設や商店群の形成によって発展し、昭和後期に増えた離農と休耕地の宅地転用によって進んだベットタウン化に特徴づけられるまちである。2024年7月現在、人口9881人、世帯数5212戸、高齢化率41・5%の石山地区の自治基盤は26の単位町内会とそれを網羅する町内会連合会である。

(1)石山地区における自治組織の創成

単位町内会の前身には、地区の産業経済と深くかかわりをもつ、行政上の必要から編成された部落組織としての8つの「区」が存在した。

明治7年に石山地区の開基は札幌軟石の採掘とともに始まった。当初は、仕事が夏場に限られる上に厳しい冬の生活が理由で数軒の採掘業の雇用主（親方）家族のみが定住するにとどまり、単身出稼ぎの季節労働者が大半をしめていた子方の石工職人で家族を伴った者はいなかった。しかし、大正年間以降、石材採掘業者が設立され始め、規模を拡大して事業が本格化していくにつれ石工職人たちも次第に定住していき、採掘者らの生活に関わる団体の組織化が進んでいった（1区～3区）。

石材採掘が開始された数年後には農地開拓も始まった。真駒内川上流にある山から切り出した木材を溜め置く「土場」地区と農地として開かれた現在の石山東地区（4区）、そして明治17年頃から屯田兵の増加給与地となって開墾が本格化した、現在の国道230号線と旧平岸街道の合流地点から藤野地区との境目に流れるオカバルシ川にかけて広がる地区（5区）に多くの農家が入植し、農作業を共同で行う組や班などが組織された。また、既存の組織に上から枠をあてはめるように「石山信用購買販売利用組合」（大正6年）や「農事実行組合」（昭和12年）など国策としての隣保相助の形成も進んだ。昭和18年の農業組合法の廃止に伴って、農事実行組合は法制上解散となったが実態としては地域に残り、農協の下部組織の機能を果たすとともに部落自治会の性格へと変わっていき、後の4区・5区町内会成立の基盤となった。その後、終戦直前で食糧事情が極度に逼迫していた昭和20年の夏に農兵隊と称して入植した人々によって開拓が始められた6区や、終戦後の昭和21年に札幌復員者の中から希望した21戸によって編成された部隊が入植した8区にも農村地域が形成された(3)。

この流れに加えて、昭和14年に日本鉱業株式会社によって、定山渓地区の奥山で採掘された鉱石から金・銀・亜鉛・硫化鉄等を選別分離する選鉱場が石山地区に建設されたことで、従業員とその家族が居住する地区が誕生した（7区）。最盛期には病院・床屋・劇場・幼稚園・野球場を備え約1000人が暮らしていた(4)。

こうした経緯で編成されていった石山地区における区は、昭和15年に内務省訓令「部落会町内会等整備要領」が発令されたことによって制度的には廃止され新たに部落会となったが、区名と既存の組織体制はそのまま引き継がれた。戦後、ＧＨＱの政策によってこの部落会制度も廃止されたが、昭和22年5月に役所からの通報や連絡の受配信、配給物資の受け取り・配布の便を計るために、石山２区に石切山駅前親和会が昭和23年5月に結成されたことをきっかけに、名称を「○○区町内会」に変えたかつての部落会が各地で改めて結成されていった。

(2)石山地区における自治活動の展開と体育・スポーツ

戦後復興過程における町内会の活動停滞期は、石山地区では行政指導のもとで実施される行事や道・町令に基づく組織づくり・活動が主であったが(5)、昭和30年前後からは自主的な町内会活動が再興し始める。特に力が入れられたのは、地区の保安と社会教育であった。石山地区では昭和30年頃から多発した電線盗・空巣狙・侵入盗等に対する自己防犯の必要性が高まり、昭和33年の２区町内会防犯部の新設を皮切りに各町内会に防犯活動を行う組織が編成されていき、区域の巡視と犯罪防止の啓発を主とする活動が開始された。昭和36年に、交通事故の防止と交通道徳の普及を目的として毎日街頭指導を行う「石山地区交通安全運動実践会」が発足すると、児童・生徒の交通事故防止のための通学路の監視・安全確保や休日・長期休業中の事故や非行防止活動、子供会育成のための補助金交付等、石山地区の（社会）教育活動の補助的機能も果たすようになっていき、同会と連動しながら次第に活動の幅を広げていった(6)。児童・生徒を対象とする活動が促進されていくにつれて、学校や保護者組織としてのＰＴＡとの連携が石山地区の様々な民生組織との間で深まっていく。中でも最も連携を深めて活発に活動を展開した組織の一つが、昭和33年に活動を開始した「石山地区郊外生活指導協議会」である。旧・豊平町立石山高等学校（当時、石山１区）の教頭と石山地区の保護者が協力して、児童・生徒の夏季・冬季休業中の生活の健全化や非行・危険防止のために早朝ラジオ体操会や豊平川の巡視を行ったことから活動は始まった。昭和36年以降は、少年野球大会（夏季）や成人野球大会（春・秋季）、スキー指導会や大会、スケート体験会（冬季）を開催するなど、活動の幅と対象を次第に広げていく。すると、年々参加する地域住民が増えていくとともに種目や活動季節が増え、盛況となっていったことから、同協議会は石山地区住民の生活の一部になりつつあったスポーツ行事を独立一本化し、さらに活発化させるとともに地域ぐるみで活動できる関係や組織として強化することを企図して、昭和42年にいよいよ「石山スポーツ振興会」を発足させることになった。

(3)石山スポーツ振興会

立ち上げ前から既に、組織として確立し活動実績も十分だった石山スポーツ振興会は、昭和41年12月の石山地区郊外生活指導協議会の総会で設立の発案がなされ、その約3ヶ月後の昭和42年3月には設立総会を開いて組織を立ち上げ、初年度から精力的に活動を展開している。具体的には、会長を筆頭に理事と専門委員会からなる運営組織をつくり（図1）、実施種目は既存の野球、水泳、スキー、スケート、バレー、柔道に加えて新たに銃剣道を加えた7種目とした。石山地区に一校ずつあった小・中・高校のPTAとのつながりから、活動対象は地区全域の住民でありいわゆる町内会連合会を範囲とする活動であったが、野球の町内会対抗戦のように単位町内会を主体とする活動の運営や支援も重視していた（表1）。当初は、地区内に定期的に使用できる場所がほとんどなく、休日の学校や民間施設を活用したイベントが中心であった。しかし、昭和44年に石山小学校前に体育館を備えた「青少年会館」が建設されてからは、バレーボールの地区別練習会のような単位町内会ごとに定期的に活動できる場所が確保されたことで、地区全域に活動が定着していった。

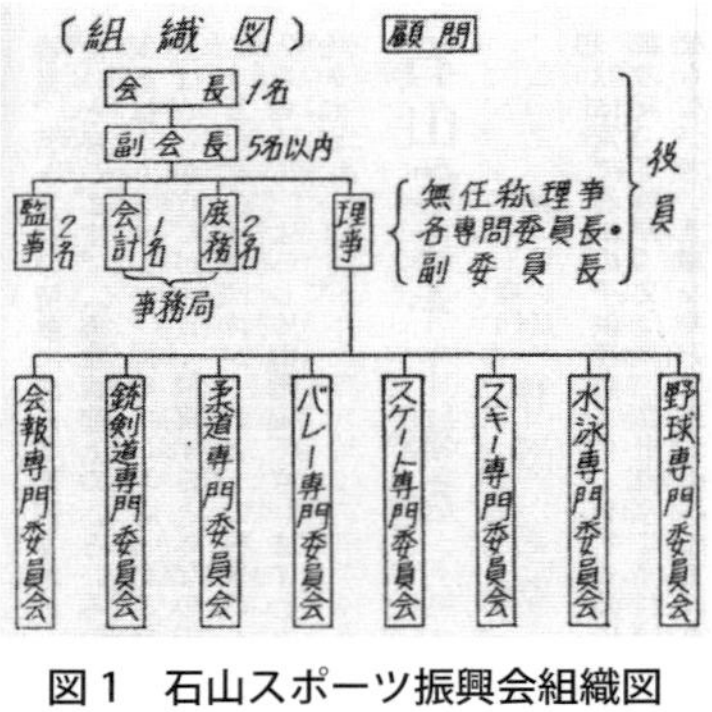

図1　石山スポーツ振興会組織図（昭和42年）

『石山スポーツニュース』第1号、p.4

また、以前より近隣の公共施設に出向いて活発に行われていたスキー活動においては、地区内の自然環境や既存の地域組織を活かして地区住民が自由に利用できる施設づくりが振興会設立を契機に進められることになった。振興会設立前年に既に、2区にある寺院から所有する敷地（畑地）を借用し南札幌消防署石山消防分団の協力を得て手作りのスケート場の造成を実現しており[7]、多くの小・中・高生の利用者と彼らからの好評を得ていた経験から「スキー事業もぜひ地元で行いたい」という気運が高まっていたか

表１　各専門委員会の事業計画（昭和 42 年度）

専門委員会	活動行事計画
野球	6.18　定山渓鉄道沿線中学校野球大会 8.12・13　町内会対抗少年野球大会 8.20・27　町内会対抗親睦野球大会 9. 中旬　職場対抗野球大会
水泳	8. 初旬　小・中・高生講習会 指導者講習会 会員による海水浴
スキー	1. 中旬　スキー場開き 2.11　小・中・高・一般スキー大会
スケート	12. 下旬　スケート場完成
バレー	地区別研究練習会（週２回） 地区合同研究練習会（月１回） バレーボール教室（隔月） 10.10　バレーボール大会
銃剣道	愛好者の調査と同好者の募集 同好者による練習と試合への参加（予定）
柔道	7. 中旬　道場開き 練習（週２回） 1. 初旬　鏡開き
会報 石山スポーツニュース	春・秋・冬の３回発行

石山スポーツニュース』第１号（昭和 42 年８月１日発行）より筆者作成

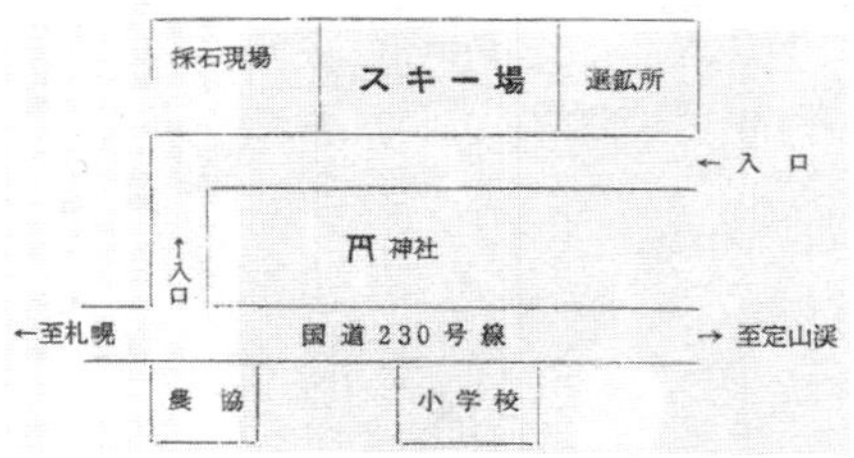

図２　石山市民スキー場

『石山スポーツニュース』第２号、p. 1

らである。

札幌スキー連盟委員長とスキー指導に造詣が深かった隣接地区の小・中学校校長を招いて候補地の視察を行い、石山神社と豊羽鉱山選鉱場の間の道有地を用地として選定した（図２）。雑木の伐採や整地などのコースづくりは、スキー専門委員４名と石山中学校の１・２年生の生徒の協力を得て行われ、昭和43年１月に開場の日を迎えた。同年２月には「第１回市民スキー大会」が開催され、石山地区住民約３６０名が参加している（石山スポーツ振興会、２０００、８頁）。振興会立ち上げ翌年には、野球専門委員会の取り組みの一つとしてソフトボールも実施されるようになり、昭和44年からは独立した専門委員会によって運営されるようになった。

昭和49年にはスポーツ振興会が石山中学校の学校開放事業[8]も受託するようになり、中学校に新設された２面のテニスコートが利用できるようになったことからテニスも実施種目として加えられた。用具は全てスポーツ振興会が揃えて貸出を行い、テニスコートは生徒の授業の邪魔にならなければいつでも利用可能であるという開放度の高さであった。昭和51年にはテニス教室から派生した成人のサークルが立ち上がり、年度の事業計画に組み込まれたことでスポーツ振興会として活動を支援・推進していくこととなった。また同年、野球・柔道・剣道の３種目の石山スポーツ少年団も立ち上げ、野球部には24名、柔道部には35名、剣道部には80名の小学生が加入し、青少年会館を活用して積極的に活動を行っていた(9)。このように、石山地区では地域の自治活動の一環としてスポーツに取り組んできたといえる。

ところで、同時期に国は、地域におけるスポーツの実技指導やスポーツ活動のコーディネートを担う存在として体育指導委員(現・スポーツ推進委員)を住民の中から選定して運用する制度を昭和32年から開始している。札幌市でも昭和37年からこの制度の運用に本格的に取りかかっており、石山地区では昭和43年から指導委員の選出が始まっている。ただし、この制度が人口約6000人につき一人選任することを基準としていたことから、当時、約7000人が暮らしていた石山地区では新たに組織を立ち上げたり運用方式を開発したりするのではなく、既存の組織運営の中に組み込む形をとってこの制度に対応した。つまり、町内会連合会の範囲を活動対象としていたスポーツ振興会から理事や専門委員を担当者として選出し、振興会運営の過程で指導員としても活動してもらうことで、振興会の活動と新規制度を両立させたのである(10)。地区内の青少年の生活健全化と非行・危険防止という目的を念頭にスポーツ活動を始めた石山スポーツ振興会にとって、学校開放をはじめとする制度はこの目的達成に資する限りにおいて運用可能な形で組み込まれる「手段」だったとみることができる(11)。活動開始3年目の昭和44年からは、単位町内会の体育部からも専門種目活動を担当する役員が選出されるようになり、スポーツ振興会活動はさらに地域住民を巻き込んで活発化するとともに、自治色をより深めていった。つまり、石山スポーツ振興会の取り組みは、外から地域にスポーツを挿入し根づかせようとする政策にたいして、地域の内から動出した「内発性」をもつスポーツ実践であったといえる。

(4)石山スポーツ振興会と石山地区とのつながり

ここまでみてきた石山スポーツ振興会を主導したのは、普段石山地区で商店等を営む自営業者たちであり、その中心には石山商店街振興組合に所属し商業活動を行う人々がいた。この特徴もまた、振興会活動の活発化やその維持にとって重要だったと考えられる。

石山地区における自営業者の活動が活発化したのは、昭和30年代である。契機となったのは地区内62店を束ねた旧・豊平町石山商工会が昭和32年に発足したことであった。札幌市中心部から定山渓方面へ向かう際の主要道である国道230号線沿いと、旧・定山渓鉄道「石切山駅」周辺の集住地域である1区・2区・5区に自店を構えていた会員（表2）が中心となって連携し、主として1）経営指導、2）経営振興、3）共同販売、4）調査・広報事業に取り組んだ。昭和36年に旧・豊平町が札幌市に編入された後は、昭和37年に施行された商店街振興組合法にもとづき商工会の振興組合化を進めて、昭和41年に石山商店街振興組合を新たに立ち上げ、自営業者同士の連携深化と個店の経営力強化を組織的に図った。また、この過程で自営業者たちは積極的に町内会とも連携を図り自治活動の担い手ともなっていく。例えば、犯罪・交通事故防止を目的として昭和42年に街路灯建設期成会結成を主導し町内会を通じて住民から資金を集めて、商

表2　区別商工業者数（昭和49年度）

町内会	店舗数
1区	28
2区	40
3区	16
4区	6
5区	39
6区	0
7区	1
8区	0

『郷土誌さっぽろ 石山百年の歩み』、p.58

店が連なる地区（1区・2区・3区・5区）に水銀灯80機を設置した。また、石山地区の消防活動を担った南札幌消防署石山消防分団の運営に深く関わるとともに(12)、選鉱場の排水による地下水汚染問題に端を発する水道組合の設立・運営の主軸も担い、地区内の水道インフラ整備を促進させるなど、自治活動の主軸をなしていた地区の保安維持をはじめとする生活環境の向上に貢献している。

このような、自営業者と石山地区における諸活動との関係は、スポーツ振興会との間にもみられる。石山商店街『振興組合帳簿』と『石山スポーツ振興会ニュース』をみると、昭和42年の石山スポーツ振興会発足時の役員（執行部：18名、専門委員26名）に占める商店街振興組合員の割合は約6割にも及んでいたことがわかる。また既述した町内会体育部の担当役員では、商店街振興組合員該当者が約4割を占めていた。また視点を変えて、他の組織におけるスポーツ振興会役員経験者の割合をみてみると、消防組織では昭和49年の南札幌消防署石山消防分団の構成員の約8割が、また同年までの消防後援会歴代役員の約5割がスポーツ振興会役員経験者であった。加えて、昭和49年の町内会長の約5割はスポーツ振興会と商店街振興組合双方に関係して

いた。既述した、自前のスケートリンク設置の実現には消防団の協力が不可欠であり、このような関係が基盤にあったことの重要性はいうまでもない。「石山には民生上の各種の機関が存在するが、いずれも町内会と不離一体の関係にある」（石山開基百年記念実行委員会編、１９７５、１１５頁）というのは当時の石山地区において非常にリアリティのある認識だったといえる。

さて、社会学者の倉沢進は住民活動を「自己充足型」「社会奉仕型」「問題解決型」の３つに分類し、スポーツを自己充足型活動として捉えた（倉沢・秋元、１９９０）。また、園部雅久は社会目標としてのコミュニティを「親交的」「自治的」の２つに分類し、親交的活動としてのスポーツは地域自治には発展しない別ものと考えた（園部、１９８４）。しかし、江上渉が「概念として峻別されるべきものであるが、実際の地域社会にあっては複雑に交差する」（江上、２００３、52頁）と指摘するように、石山スポーツ振興会の活動は学問的な区別には収まらない広がりをもっている。石山で不動産業を現在営むＩＮ氏によれば、振興会設立前後、高校生だった当時、普段地区内でみかけていた「○○屋さん」たちは野球大会やスケート場設営の現場にもいて、地区内の青少年の健全育成と単位町内会ごとの住民融和・関係拡張のために一生懸命汗を流していた。子ども会の行事に行けば、婦人会員でありママさんバレーボール選手でもあるお母さんたちが色々と面倒を見てくれている姿があった。朝の通学時に元気よく「おはよう！」と街頭で声をかけてくれる交通安全指導を行う大人たちもよくみたら見慣れた商店主であり、夕方・夜間に外から聞こえてくる防犯・防火のパトロールの声に耳を傾ければ、いつもスポーツを教えてくれる指導者・コーチのあの聞き慣れた声だったという。石山地区ではこのような経験が日常化していたのである。石山地区における自主的で活発なスポーツ活動は、また外からくる新たな施策や制度を受け止めて独自に組織化する主体性ある石山スポーツ振興会の対応は、自治的活動と親交的活動を渾然一体として実践できる石山地区の自治組織のあり方が可能にしたのだと考えてよいだろう。

(5) 石山スポーツ振興会の活動と石山地区とのつながりの変遷

昭和42年に組合員数66からスタートした商店街振興組合

は、昭和61年に一度81まで数を増やすが、これまでほぼ70前後の加盟数を維持してきた。平成27年から増加傾向にあり、２０２３年現在は１０４まで到達している。しかし、それとは裏腹に組合と石山地区の自治活動とのつながり、特にスポーツ振興会との重複は徐々に解消されつつある(13)（表3）。そんな中、スポーツ振興会は組織面・活動面において大きな変化を経験してきた。平成元年には夏の水泳活動が終了し専門委員会が解消となった。その頃から徐々に、専門委員会を中心として取り組まれてきた全地区住民を対象とする対抗戦イベントや町内会単位の定期的活動から、事業部が企画する任意参加の非競争イベント（例えば「歩こう会」など）や少年団活動支援へと活動が推移し、比重のおかれる事業が少しずつ変わってきている。平成6年には野球とスキーの専門委員会が解消となり、平成11年にはサッカーと野球の少年団の代表者が役員として加わる一方で、長らく石山地区のスポーツ活動の主軸を担ってきたバレーボールの専門委員会も解消となった。バレーボール専門委員会は平成12から15年にかけて一時的に復活したが、その後再び活動がなくなっている。平成15年にミニバスケット専門委員会が解消となって以後は、専門委員会は置かれていない。

事務局担当のF氏によると、令和6年9月現在ではサッカー・野球・バレーボールの少年団も活動を終了しており、かつてチーム代表者として振興会運営に参画していた方々には、お願いして今も役員として残ってもらっている状態だという。町内会連合会の体育部が昭和51年から独自事業として行ってきた町内会対抗運動会や健康ウォーキング会は、現在では単独運営が難しくなり、「協力」という形で実質的にスポーツ振興会が運営を行っている。事務局が担当するソフトボール大会も参加者が少なくなったため「体験会」化し、活動取りやめの可能性が近年検討されているという。商店街振興組合員の参画減少だけがスポーツ振

表３　商店街振興組合員とスポーツ振興会役員との関連推移

年度	1967（昭和42）	1977（昭和52）	1987（昭和62）	1997（平成9）	2007（平成19）	2017（平成29）	2023（令和5）
商店街組合員数	66	70	74	70	70	88	104
スポーツ振興会役員に占める商店街関係者の割合	74%	56%	38%	39%	23%	9%	9%

『札幌市石山スポーツ振興会創立50周年記念誌』および『石山商店街振興組合創立50周年記念情報誌』より筆者作成

興会の活動停滞の原因とはいえないが、２０１６年現在、代替わりや業態変化しながらも振興組合発足時から経営を続ける自営業主は15件のみとなり（石山商店街振興組合事務局、２０１６、47頁）、商店街振興組合とスポーツ振興会を結びつけた背景を知る者も、現時においてその双方が結びつく積極的理由（問題意識）を想定できる者も少なくなっているのが現状である。

３．まとめにかえて
—内発的実践としてのスポーツの可能性—

本稿では、地域の内から動出した「内発性」をもつスポーツ実践の事例として石山スポーツ振興会の活動を取り上げた。前節で描いた近年の動向は、悲観的にしかみえないかもしれない。なぜならば、石山スポーツ振興会と自治組織との関係が次第に薄くなっていくにつれて、充実していたスポーツ活動の縮小化が進んできたからである。しかし最後に、最近石山地区においてみられる、スポーツ振興会と自治組織とのつながりを再び深めうる活動の胎動について記しておきたい。例えば、学校開放事業を活用し、自社の販促活動と結びつけて自前のバトミントンクラブを運営し始める商店街振興組合員の動きや、昭和59年に一度立ち上がって消滅していた青年部が再設立され、個店の経営力向上をねらいとする勉強会を開催するための原資を確保すべく、夏祭りの運営支援や出店協力を行なったり、新たな集客イベント企画（石山キャンドルナイト）に参画したり、スポーツ体験教室を開催し始めたりしていることは注目に値する。また、スポーツ振興会が新たに取り組み始めた事業も重要である。例えば、15年前から３６５日毎日行われているラジオ体操会は石山神社の境内を会場として借りて実施されてきたが、それを根拠として神社の宮司を振興会役員に迎え入れたり、反対に振興会役員が祭典委員として神社の運営に参画したりする関係を築いたり、上記商店街の新規イベントにボランティアとして協力したりしている。確かに、スポーツ振興会の取り組みや石山地区とのつながりはかつてのものとは大きく変化した。しかし、現在の体制で行いうる範囲の活動を展開し、石山地区の自治組織とのつながりを維持しうる可能性を模索し続けている点は強調しておきたい。

本稿ではここまで、石山地区におけるスポーツ実践の展開と現状の概略しか押さえることができなかったが、ここまで描いてきたような地域自治の展開過程とスポーツ活動との関係は恐らくどの地域にも存在するだろう。いうなればこの「地域固有のスポーツ史」の上にしか、外から挿入されるスポーツは成り立ちえない。それを見損なった施策はきっと空転して終わるだろう(14)。運動部活動の地域移行策や総合型スポーツクラブ育成施策は、地区のスポーツ活動がどのように成り立ってきたのかを知ればその実現可能性は自ずとみえるはずである。だからこそ、各地域におけるスポーツの展開可能性を規定する、地域の内から動出する内発性を捉えて実践と結びつける努力を欠かしてはならないと筆者は考える。筆者自身は、所属する大学の学生有志とともに石山地区で空き店舗を活用してカフェを立ち上げ、商店街振興組合に加盟して「大学との連携」という手法に現状打破の可能性を探ってきたが、未だわずかな端緒をつくっただけにとどまっている（植田、２０１５）。地域で自治活動を展開する当事者と一緒に地域発展の可能性を考え実践していくことを、筆者は今後も続けていきたいと思う。

（東海大学）

【参考文献】


江上渉（２００３）「コミュニティと住民活動」、倉沢進編『改訂版コミュニティ論』、44‐54頁。

石山開基百年記念実行委員会編（１９７５）『郷土誌さっぽろ 石山百年の歩み』。

石山商店街振興組合事務局（２０１６）『「温故知新」50年 いしやま 石山商店街振興組合創立50周年記念情報誌』。

倉沢進・秋元律郎（１９９０）『町内会と地域集団』、ミネルヴァ書房。

中澤篤史（２０２３）「１９７０年代における運動部活動の社会体育化―失敗の歴史を振り返る―」『体育の科学』Ｖｏｌ．73（４）、２２２‐２２７頁。

札幌市石山スポーツ振興会（２０００）『石山スポーツニュース縮小版№１～№１０３』。

札幌市石山スポーツ振興組合事務局（２０１７）『札幌市石山スポーツ振興会創立50周年記念誌』。

札幌市教育委員会編（２００５）『札幌市史 第5巻通史（下）』。

札幌市南区ＨＰ,"https://www.city.sapporo.jp/minami/shinko/shounenshoujo.html（閲覧日：２０２４年10月15日）

園部雅久（１９８４）「コミュニティの現実性と可能性」、鈴木広・倉沢進編、『都市社会学』、アカデミア出版会。

スポーツ庁・文化庁（２０２２）『学校部活動及び新たな地域クラブ活動の在り方等に関する総合的なガイドライン』。

常盤開基百年記念誌編集委員会（２００２）『常盤開基百年記念誌 常盤二百年への出発』。

豊平消防百周年記念誌編集委員会編（１９９４）『豊平消防百年記念誌』。

植田俊（２０１５）「地域『交信』カフェづくりによる地域連携教育

の一実践―パブリック・アチーブメント型教育の導入を見据えて―」、『東海大学高等教育研究』13、10‐25頁。

【注】

（注1）特に、スポーツ政策が想定した運動部活動の移行先がなぜ「民間」ではなく「地域」だったのかは今後深考が必要だろう。「運動部活動の社会体育化」と称して1970年代に既に試みられていた地域移行の成否を問う作業が始まっている（中澤、2023）。

（注2）以下の記述は、筆者が2014年から同地区の地域活動に調査者として、また指導する所属大学の学生とともに石山商店街振興組合の一員として関わってきた中で得た知見や経験をもとにしている。

（注3）しかし、その後は都市化の進行とともに離農者が相次ぎ、休耕地の宅地転用が進んだこと、また真駒内駅を中心とするエリアが拡大する札幌市の人口の受け皿となる住宅開発を進める地域として都市計画上に位置づけられたことによって、石山地区のベットタウン化が加速した。それに伴い、今度は自営業者が増えていった。

（注4）昭和44年に選鉱場は廃止となったが、社宅跡地には新たな住宅団地が建設され、町内会組織は引き継がれた。しかし、商店等は次第に姿を消していった。

（注5）軍備増強を企図していた青年教育（青年訓練所→青年学校→青年団）や婦人会は終戦後に解散した。伝染病等への対処・防疫活動の主体となった衛生組合は、北海道庁令第81号「衛生組合設置規定第1条」（明治31年）にもとづき字を単位として最大で15組合が組織されたが、昭和15年の部落会設置に伴い業務を各区に移行、戦後は部落会とともに解散し昭和30年代に入るまで活動がなくなった。住民の生活支援・保護を主旨とする民生委員の活動は昭和23年の「民生委員法」施行以来、現在まで続いている。

（注6）他にも、消防後援会（昭和23年）や街路灯組合（昭和42年）がこの動きと連動して発足した。ここで重要な役回りを担ったのが後述する自営業者たちである。

（注7）借用地の中心部が盛り上がっており水平にする必要があったが、降雪期前は畑作が行われており整地ができず、結局リンク全面を水平にできなかった。加えて、利用者が想定以上となったため、より広い場所が必要となり、さらに圧力の高い水道が利用できる場所が求められたことから、翌年以降は商店街組合員の所有地に移転して継続されることになった。

（注8）札幌市には、石山地区のような「スポーツ」を冠する振興会以外に「体育」を冠する振興会もあり、鉄東体育振興会（昭和29年設立）や平岸地区体育振興会（昭和36年設立）、山鼻スポーツ振興会（昭和38年設立）など、町内会等の自治組織を基盤として早くから活動が行われていた。その背景には、石山地区が子どもたちの生活の健全化や非行・危険防止を目的とした協議会を基盤として発展したように、各地域におけるスポーツ熱の高まりの他に設立当時の地域課題の解決を目指す目的もあった。団地建設が進み、新住者が急速に増加した厚別区のもみじ台地区では、旧来からの住民との融和と新たなコミュニティ形成を目指して体育振興会が昭和46年に設立されている。また、石山地区に隣接する常盤地区では新興住宅の開発に伴う児童・生徒数の増加によって運営がままならなくなった学校運動部活動の支援を目的として、体育振興会が昭和49年に設立されている（常盤開基百年記念誌編集委員会編、2002、327頁）。なお、各地の体育・スポーツ振興会の多くは、昭和43年にスタートした札幌市の学校開放事業の地域受託先として設立されたものであった。地域住民による小学校

体育館の自主管理と、夏季のプール開放をＰＴＡで管理して行う二つの組み合わせは「札幌方式」と呼ばれる（札幌市教育委員会編、２００５、８７６頁）。

（注９）なお、石山スポーツ振興会傘下の少年団以外にも、青少年会館で活動を行うサークルとして同年時点でバスケットボール・バトミントン・バレーボール・卓球・テニス・ダンス（成人）、柔道（高校生）、バスケットボール・柔道・剣道（中学生）、テニス・バレーボール・卓球・柔道・剣道（小学生）が存在していた。

（注10）昭和37年の制度運用開始から10年間で8名の担当者が選任されたが、内6名がスポーツ振興会役員も兼任していた。

（注11）そんな中、「市民へのスポーツの更なる普及」の基盤となる活動の場（施設）の拡充を目指していた学校開放事業によって、市内各地で体育・スポーツ振興会の新規設立は進んだ。その結果、開放施設数も利用者数も右肩上がりに増えていったことから市内のスポーツ環境の質的向上とスポーツ人口・実施率の増加に一役買ったといえる（札幌市教育委員会編、２００５、８７５頁）。しかし、施設の管理のみを「目的」としていた多くの組織は、その後、役員の高齢化や住区の生活環境の変化、利用者のライフスタイルの多様化等によって、運営上の課題に直面していくことになる（同上、８７７頁）。

（注12）昭和49年の構成員31名中23名は振興組合員が担っていた（石山開基百年記念実行委員会編、１９７５、１３７頁）。石山地区における最初の消防組織は大正15年に発足した石山消防組であるが、21名の設立者全員が自営業者（日用品小売業および石材業）であった。平成６年までの歴代石山分団長３名は自営業者であり（日用品小売業、石材業、農家）（豊平消防百周年記念誌編集委員会編、１９９４、１８０‐１８２頁）、内２名は石山スポーツ振興会の初代理事でもあった。また分団活動の支援を担った石山消防後援会（昭和23年設立）もまた、振興組合関係者によって運営がなされており、昭和49年時点で8名の役員のうち5名が自営業者（製造業、日用品小売業、石材業）であった（石山開基百年記念実行委員会編、１９７５、１３７頁）。

（注13）商店主たちは「10年経営を続けられるのは全体の1割未満」と口を揃える。新規開業と閉業が繰り返される中で、それでも組合員数を維持してきた商店街振興組合組織の周期的特徴や、後継ぎ層とスポーツ振興会活動との関係を分析することが今後の筆者の研究課題である。

（注14）コロナ禍と東京２０２０オリンピック・パラリンピックを経て、衛生面の安全性を考慮して接触機会を減らすことと参加面の公開性を高めるべく参加しやすさを重視して、札幌市南区地域振興課は昭和47年から各地区の青少年育成委員と体育指導委員に協力を仰いで行ってきたドッチボール大会を、２０２２年度からボッチャ大会に切り替えて行ってきた（札幌市南区、online）。札幌市南区では地域活動としてボッチャが盛んに行われており、多くの地区で小中学生への普及に対して高い熱意がもたれている。しかし、現状では小中学生との結節点となる肝心の学校との連携が期待通りに進んでいない。かつて、学校（教員やＰＴＡ）と深く連動することで積極的に活動を展開してきた石山地区では、小学生を対象としたボッチャ体験会の開催を青少年育成委員たちが企画し学校に協力・連携を何年にもわたって要請してきたが、「働き方改革」に圧倒されて未だ実現をみていない。なお、隣の藤野地区には、カリキュラムの一部に体験会を組み込んで授業として行うことで実現に漕ぎつけた青少年育成委員の取り組みがあり、そこに筆者や学生たちも参画する機会を得ている。

日本スポーツ協会による地域スポーツ推進の取り組みと地域スポーツクラブへの期待

奈良光晴

令和２（２０２０）年９月に、スポーツ庁から「学校の働き方改革を踏まえた部活動改革について」が公表され、令和５年度以降、休日の部活動の段階的な地域移行を図る方針が示された。日本スポーツ協会（以下、ＪＳＰＯとする）においては、これまでもスポーツ少年団や総合型地域スポーツクラブ（以下、総合型クラブとする）を通じて地域スポーツの推進に取り組んできたが、スポーツ庁が令和４（２０２２）年６月に公表した、『運動部活動の地域移行に関する検討会議 提言』、さらにはそれを踏まえて、令和４（２０２２）年７月にスポーツ庁長官からＪＳＰＯに対してなされた要請文、あるいは令和４（２０２２）年12月にスポーツ庁から公表された『学校部活動及び新たな地域クラブ活動の在り方等に関する総合的なガイドライン』においては、ＪＳＰＯが育成するスポーツ指導者の確保と共に、運営団体・実施主体となりうる総合型クラブ、スポーツ少年団への期待が言及されている。

そこで本稿では、ＪＳＰＯのこれまでの地域スポーツ推進の取り組みを踏まえながら、運動部活動改革の議論を契機とした、これからの地域スポーツにおける取り組みを説明したい。

1．これまでの日本スポーツ協会による地域スポーツ推進の取り組み

（1）スポーツ少年団の育成JSPOによる地域スポーツ推進の取り組みを説明する上では、まず、スポーツ少年団について触れなくてはならないだろう。

子どもたちが自主的にメンバーとして参加し、自由時間に、地域社会でスポーツを中心としたグループ活動を行う「単位スポーツ少年団」を全国レベルで統括する役割を担う「日本スポーツ少年団」は、昭和39（１９６４）年に開催された東京オリンピック競技大会に先立ち、「オリンピック青少年運動」の一環として、昭和37（１９６２）年に、日本体育協会（現ＪＳＰＯ）創立50周年の記念事業にとして創設された。「スポーツによる青少年の健全育成」の理念の実現を目指し、22団、７５３名からスタートし、以後、団員・指導者によるメンバーシップ制を敷き組織体制を整えた。有料登録制の導入により登録者数を減らした時期もあったが、競技別交流大会などの事業を展開することによって、団員が最も多かった昭和61（１９８６）年には３万３４８団、１１２万１８７５名が登録する、わが国最大の青少年スポーツ団体に成長した。しかし、少子化や子どもの趣味、志向の多様化などにより、団員数が減少傾向にあり、２０２３年度においては、コロナ禍の影響もあり２万６４６９団、54万３２６名の登録となった。また、設立当初は多種目・多世代の単位団を目標としていたが、現状は、大会開催による競技志向の高まりから約80％の単位スポーツ少年団が単一種目での活動となっている。また、団員の約85％は小学生が占めていること、全国大会の有無が、登録する団員数や団数に影響を少なからず与えていること、都市部が地方と比べ登録者数、団数が少ないといった少年団の偏在が見られることなど、課題を抱えていることは否めないが、青少年の地域におけるスポーツの受け皿として、そして子どもたちのスポーツへの入り口として大きな役割を果たしてきたと言えるだろう。

（2）総合型クラブの育成

一方、総合型クラブは、生涯にわたってスポーツに親しめる環境を全国の身近な地域に整えるとともに、「住民主体」によって運営されるシステムを志向している。この総

合型クラブは、これまでの「学校体育」と「企業スポーツ」を中心に発展してきた我が国のスポーツ環境を大きく転換させるのみならず、「住民主体」によって地域スポーツの推進を図ろうとする新たな試みであり、運営に係る地域住民の主体的な参画を通じて、公正で福祉豊かな地域社会の構築においても重要な意義を有するものである。

ＪＳＰＯにおける総合型クラブの育成の取り組みについては、平成９（１９９７）年度に文部省（当時）の委託事業による「スポーツ少年団を核とした総合型クラブ育成モデル地区事業」が端緒となり、その後、スポーツ振興くじ助成による「総合型地域スポーツクラブ創設支援事業」と「活動支援事業」を推進した。平成16（２００４）年度からは文部科学省とともに「総合型地域スポーツクラブ育成推進事業」を実施し、都道府県スポーツ協会との連携・協力のもと、地域住民による主体的な総合型クラブ設立および設立後の定着化を目指す活動支援に関する事業を推進した。そのほか、総合型クラブの創設やその活動及び運営全般について指導・助言を行う、「クラブ育成アドバイザー」の養成・派遣、ＪＳＰＯが実施する総合型クラブ育成事業の趣旨・目的の周知徹底を図った。また、総合型クラブ間の情報共有とクラブ育成・支援のためのネットワークの強化を図ることを目的とした、ブロック別クラブミーティングの開催等の各種情報提供を行った他、クラブ等の管理運営に必要なマネジメント能力を有するクラブマネジャー、アシスタントマネジャーの養成を行った。そして、こうした取り組みをより確かなものにするために、平成20（２００８）年からは総合型地域スポーツクラブ全国協議会（ＳＣ全国ネットワーク）の組織化及び運営を行い、全47都道府県に連絡協議会が組織されるに至り、令和４（２０２２）年４月からは登録制度を開始した。こうした取り組みによって、令和５（２０２３）年度の登録クラブ数は１０４５クラブ、会員数は36万６６６０名に上る。

なお、総合型クラブの創設当初は、スポーツ少年団との競合を避け、中高年対象の教室に注力するような事例も見られたが、現在では、ジュニアから高齢者まで幅広い世代を対象とした活動を行うほか市区町村体育・スポーツ協会の機能・役割を担うところも存在するなど各地域で様々だが、地域スポーツにおける重要なアクターの１つになりつつあると言えるだろう。

2. JSPOによる運動部活動改革に向けた取り組み

以上のようなスポーツ少年団、総合型クラブを通じた地域スポーツ推進の取り組みをふまえ、運動部活動改革に向け、JSPOがどのような取り組みを進めてきたのかを説明したい。

(1)『提言　今後の地域スポーツの在り方について—ジュニアスポーツを中心として—』

平成30(2018)年にスポーツ庁が策定した『運動部活動の在り方に関する総合的なガイドライン』において、運動部活動は、従前と同様の運営体制では維持が困難になりつつあり、学校や地域によっては存続の危機にあることが示された。そして、将来においても、全国の生徒が生涯にわたって豊かなスポーツライフを実現する資質・能力を育む基盤として、運動部活動を持続可能なものとするためには、各自のニーズに応じた運動・スポーツを行うことができるよう、速やかに、運動部活動の在り方に関し、抜本的な改革に取り組む必要がある(スポーツ庁、2018)ことが示された。JSPOにおいても同様の認識から、子どものスポーツ権の確保を第一義に、子どもたちが自らの目的・志向・嗜好に応じてスポーツを継続して楽しむことができる環境の確保に向け、スポーツ関係者、自治体関係者、学校関係者、地域住民などがこれからの地域スポーツの在り方を議論する上でのモデルをこの提言で示した。そして提言では、こうした運動部活動の課題に加え、これまで地域スポーツを支えてきたスポーツ少年団や総合型クラブがかかえる課題についても言及し、新たな地域スポーツ体制の在り方を示した。それは、中学校運動部活動の地域への移行を見据えながら、スポーツ少年団、総合型クラブ、中学校運動部活動の三者がそれぞれの強みを生かした新たな地域スポーツ体制を検討する等の連携・協働を図るというものであり、「ジュニアスポーツを地域全体で支えることを目指したスポーツ少年団と総合型クラブの連携促進」、「各地域で行われるスポーツが地域スポーツクラブとして行われる体制の構築」(=新たな地域スポーツ体制の構築)という共通のゴールを提示した。その具体的な姿が図1である。

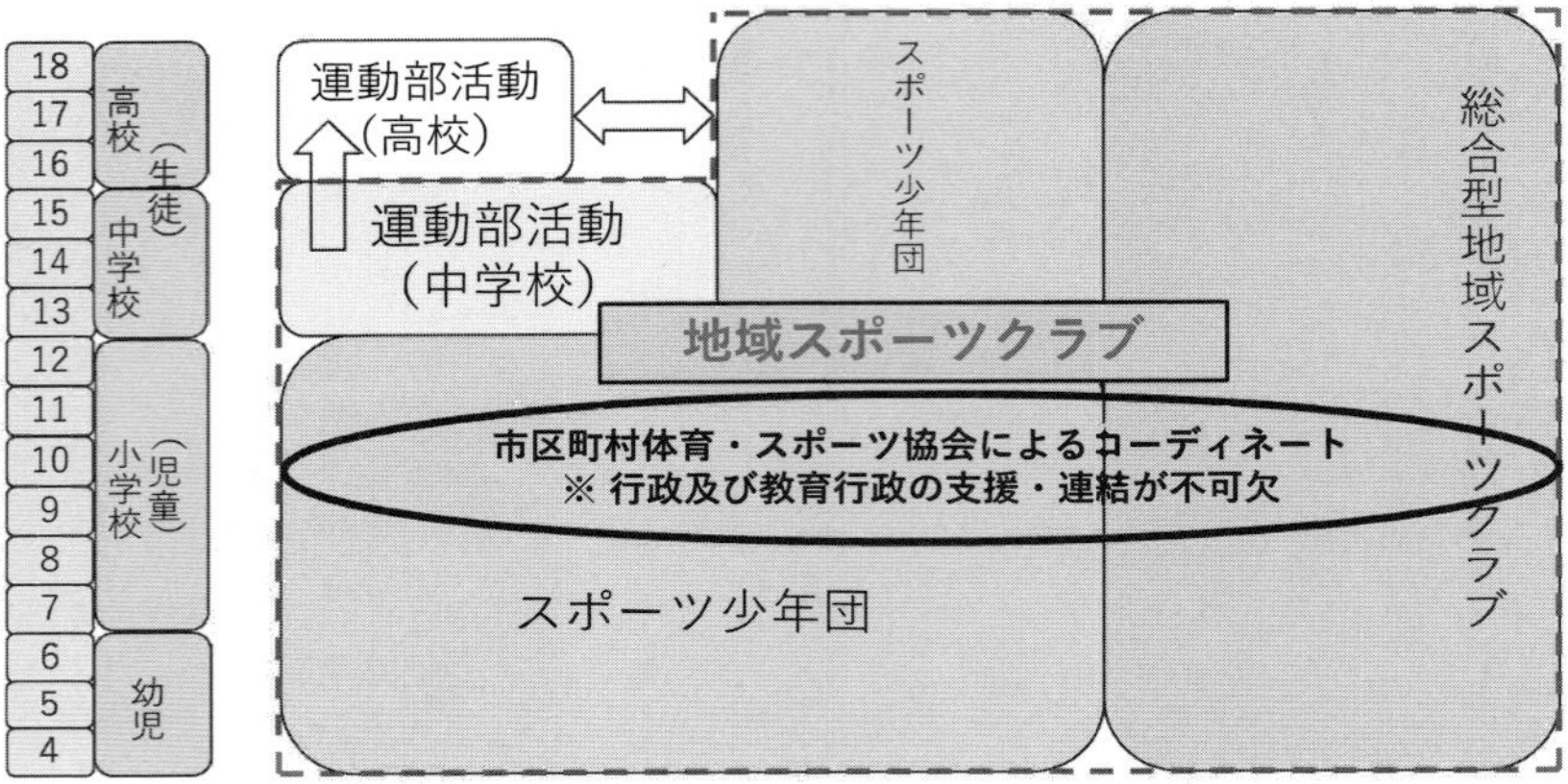

図１　JSPO が目指す「新たな地域スポーツ体制」の在り方

ここで目指されたのは、公益性が高い市区町村体育・スポーツ協会のコーディネートによる新たな地域スポーツ体制の下で構想される、「地域スポーツクラブ」という大きな枠組み・機能の中でスポーツ少年団、総合型クラブ、中学校運動部活動の融合を促し、併せて子ども達の目的、志向、嗜好、技能等の組み合わせに応じ、それぞれが強みを活かして役割を分担することである。そしてこの新たな体制によって、中学校・教員、スポーツ少年団、総合型クラブにもたらされることが期待される効果を挙げた。具体的には、まず三者に共通して、学校の種類・校種、学齢にとらわれない発育発達に応じた一貫指導が行われやすくなること、さらには少子化によって、世代のニーズに応じたスポーツ活動の場を確保ができなくなっているという課題を解決することが可能となる等、スポーツ推進への効果が期待された。

次に、スポーツ少年団の立場からは、中学生・高校生のスポーツ少年団での活動の継続性の確保等が期待され、総合型クラブの立場からは、会員確保による安定した経営、認知度の向上等が期待された。

教員の立場からは、運動部活動を地域スポーツクラブが受け入れることにより、勤務にゆとりが創出され、教育活動の充実に活用することが期待された。また、生徒の立場からは、地域の様々な年齢・職業等の人々と交流する機会が増加し、自他を大切にすることや多様な人々とのコミュニケーションの大切さを学ぶことが期待される。このように、ここに示した「新たな地域スポーツ体制」では社会課題の解決への効果も期待している。

以上のようにJSPOでは、市区町村体育・スポーツ協会によるコーディネートによる新たな地域スポーツ体制の下で構想される、「地域スポーツクラブ」という大きな枠組み・機能の中でスポーツ少年団、総合型クラブ、中学校運動部活動の融合を促し、併せて目的、志向、嗜好、技能等の組み合わせに応じてそれぞれが強みを活かして役割を分担するというモデルを示したが、この提言を踏まえて地域スポーツの課題解決に向けて、即座に取り組むまでには至らなかったのは否めない。今後、スポーツ少年団と総合型クラブの連携を促していくための取り組みを進めていくことで、提言で示した方向性を実現していきたい。

(2) 運動部活動改革に係る事務局プロジェクト・チームの立ち上げとその取り組みについて

先述したような運動部活動改革においてJSPOに求められた指導者の質と量の確保、運営団体・実施主体の確保については、スポーツ指導者育成部、地域スポーツ推進部がそれぞれ担ってきたが、令和4(2022)年4月に、JSPO事務局内に部署を横断した「運動部活動改革に係る事務局プロジェクト・チーム」を立ち上げた。その主な役割は、地域スポーツの最適化に向けた部署間連携の促進と加盟団体等への情報発信となり、図2に示すように、中学生世代の安全・安心なスポーツ環境の確保を、加盟団体である中央競技団体、都道府県スポーツ協会と連携・協働しながら、JSPOの既存事業を活用して進めることとしている。

具体的には図3に示した、「1. 適切な資質能力を身に付けた指導者の確保」、「2. 運営団体・実施主体としての総合型地域スポーツクラブの充実」、「3. 運営団体・実施主体としてのスポーツ少年団の充実」、そして「4. その他」の4項目について、それぞれの関連性を持たせながら進めている。

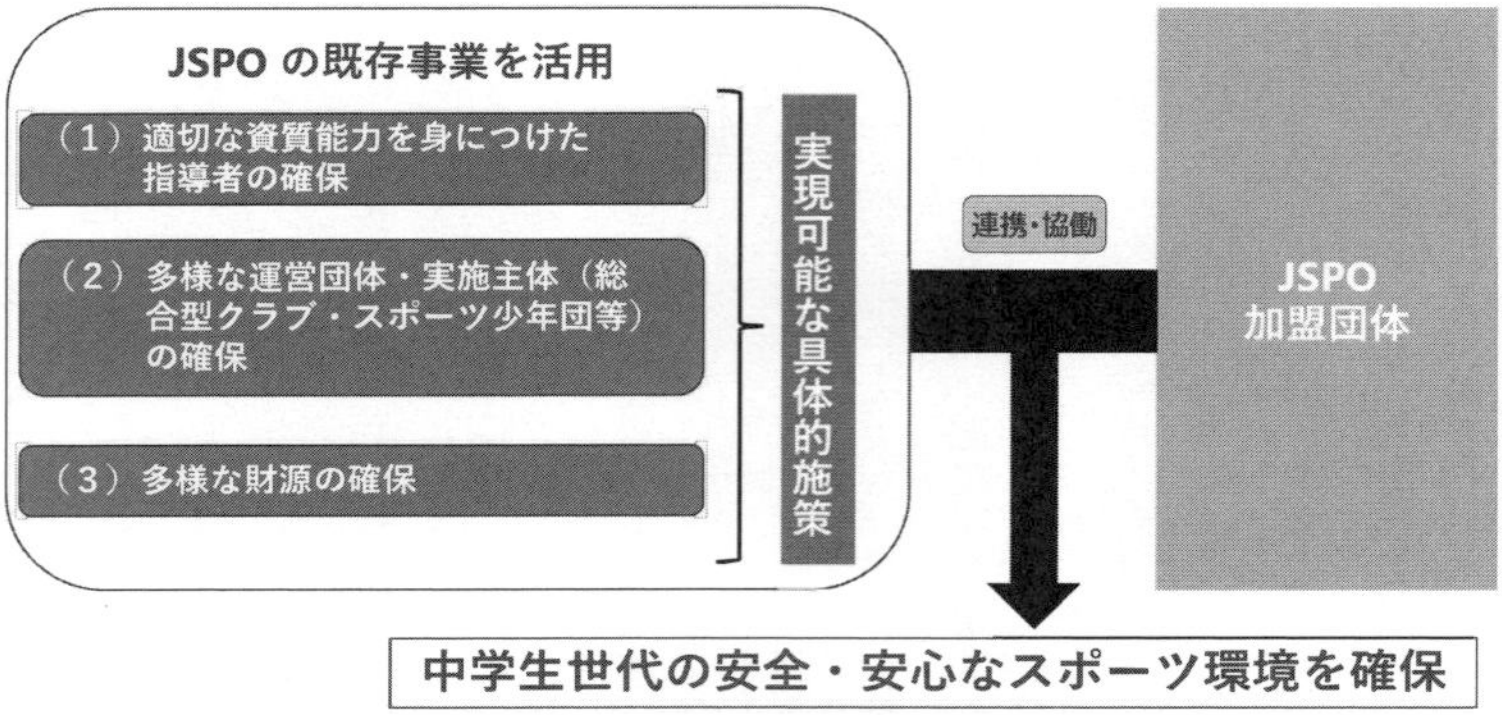

図 2　運動部活動改革に係る JSPO の取組の方向性

1．適切な資質能力を身に付けた指導者の確保

- 指導者の量の確保、質の保障
- 指導者の資格保有の義務付け
- 指導者情報の活用体制の構築

2．運営団体・実施主体としての「総合型地域スポーツクラブ」の充実

- 総合型クラブのガバナンス強化
- 総合型クラブへの情報提供
- 総合型クラブと学校との連携強化
- 総合型クラブの量的拡大への支援
- 都道府県における地域スポーツ推進体制の強化

3．運営団体・実施主体としての「スポーツ少年団」の充実

- 運動部活動の地域移行に関する情報の収集・発信
- 運動部活動の地域移行に向けた現行規程の改定等
- スポーツ少年団の理念を各スポーツ団体に共通の理念に進化させた「ジュニア・ユーススポーツ憲章（仮称）」の策定
- 日本スポーツ少年団本部とNFとの連携強化
- 単位スポーツ少年団の量的拡大の支援

4．その他

- 最新情報の提供
- 「地域スポーツクラブ（仮称）」の検討
- 安全・安心確保の啓発
- 市区町村体育・スポーツ協会の組織基盤の強化
- ジュニアスポーツを含めたスポーツ関係者に対して提供可能な情報基盤の構築（スポーツDXの推進等）

図 3　JSPO の事業を通した運動部活動改革に係る取り組み

「1．適切な資質能力を身につけた指導者の確保」については、中央競技団体、都道府県競技団体の主催大会さらには日常の活動において、スポーツ指導についての知識・技能を身につけたＪＳＰＯ公認スポーツ指導者資格保有者配置を義務づける期限を設定し(1)、スポーツ現場での安全・安心の確保を目指している。なお、各地域において、スポーツの指導を、資格を持ったものが行うべきであることについては理解が得られているが、学校運動部活動を地域で受け入れるために十分な指導者を確保することが困難であることは共通の課題となっている。指導者が揃わないことによって、特に子どものスポーツ活動が制限されることは避けなければならない。そのため、ジュニア世代のスポーツ指導において注意すべき点を学習内容に追加するといった資格取得に必要な学習内容の充実に止まらず、オンラインで講習会の受講・取得が可能な資格の設定により、公認スポーツ指導者資格を取得しやすい環境の整備にも取り組んでいる。

また「4．その他」においては、加盟団体と運動部活動改革に関する最新情報を共有するために加盟団体ミーティングを開催し、中央競技団体あるいは都道府県スポーツ協会におけるジュニアスポーツの環境整備に向けた先進的な事例の紹介に加え、スポーツ庁からの運動部活動改革に関する最新情報の提供を行っている。またホームページ内に特設ページを設け、自治体における先進事例の紹介も行い、加盟団体が各地で運動部活動改革に取り組むための参考となりうる情報の提供を行っている。そして、これらの情報を収集するために、加盟団体への調査を行い、それらの結果も公開している(2)。

（3）これからの地域スポーツの体制における総合型クラブの在り方

最後に、本稿で求められている、JSPOによるこれからの地域スポーツにおける取り組みに関わる内容について説明する。主に図3における、「2．運営団体・実施主体としての総合型地域スポーツクラブの充実」、「3．運営団体・実施主体としてのスポーツ少年団の充実」が該当部分となる。

スポーツ少年団、総合型クラブのいずれに関わる取り組みにおいても関係する団体への情報提供や情報収集をするとともに、運動部活動を受入れるために十分な体制を整えるための法人格の取得や、「スポーツ団体ガバナンスコード（一般団体向け）」に応じた自己説明・公表を促進している。

そして、これらの従来からの取り組みをさらに促進するものに加え、これからの地域スポーツを支えるための新たな取り組みを構想している。その1つは総合型クラブの認証制度である。活動実態や運営実態、ガバナンス等について、JSPOが示す要件を満たした登録クラブのうち、自らの申請により定められた認証タイプに合致する場合は認証する仕組みで、総合型クラブがより公益性の高いものとして永続的に充実した活動を行うことをこの制度は目的としている。この認証タイプは地域スポーツの課題解決に向けたものとして、その1つに部活動に関連したタイプの検討を進めている。このように、登録した総合型クラブが地域スポーツの課題の解決に取り組むことを積極的に評価し、その更なる発展や成長を促していくことを目指している。

もう1つは、総合型クラブとスポーツ少年団の連携体制の構築である。図4に示すような社会課題、スポーツ全般の課題に加え、スポーツ少年団、総合型クラブが抱える課題を踏まえると、将来、スポーツをする場がなくなることが懸念される。

両者が連携することにより、部活動の地域連携や地域クラブ活動移行の受け皿としての体制確立、子どものスポーツ機会の増加による子どものスポーツ権の確保、する、みる、ささえるスポーツ人口の増加、といった効果がもたらされることを期待している。そのために、図5に示すような段階を経て、最終的には地域にあるスポーツクラブや団体が、互いに認知し、相互尊重し、連携し、特徴を活かし

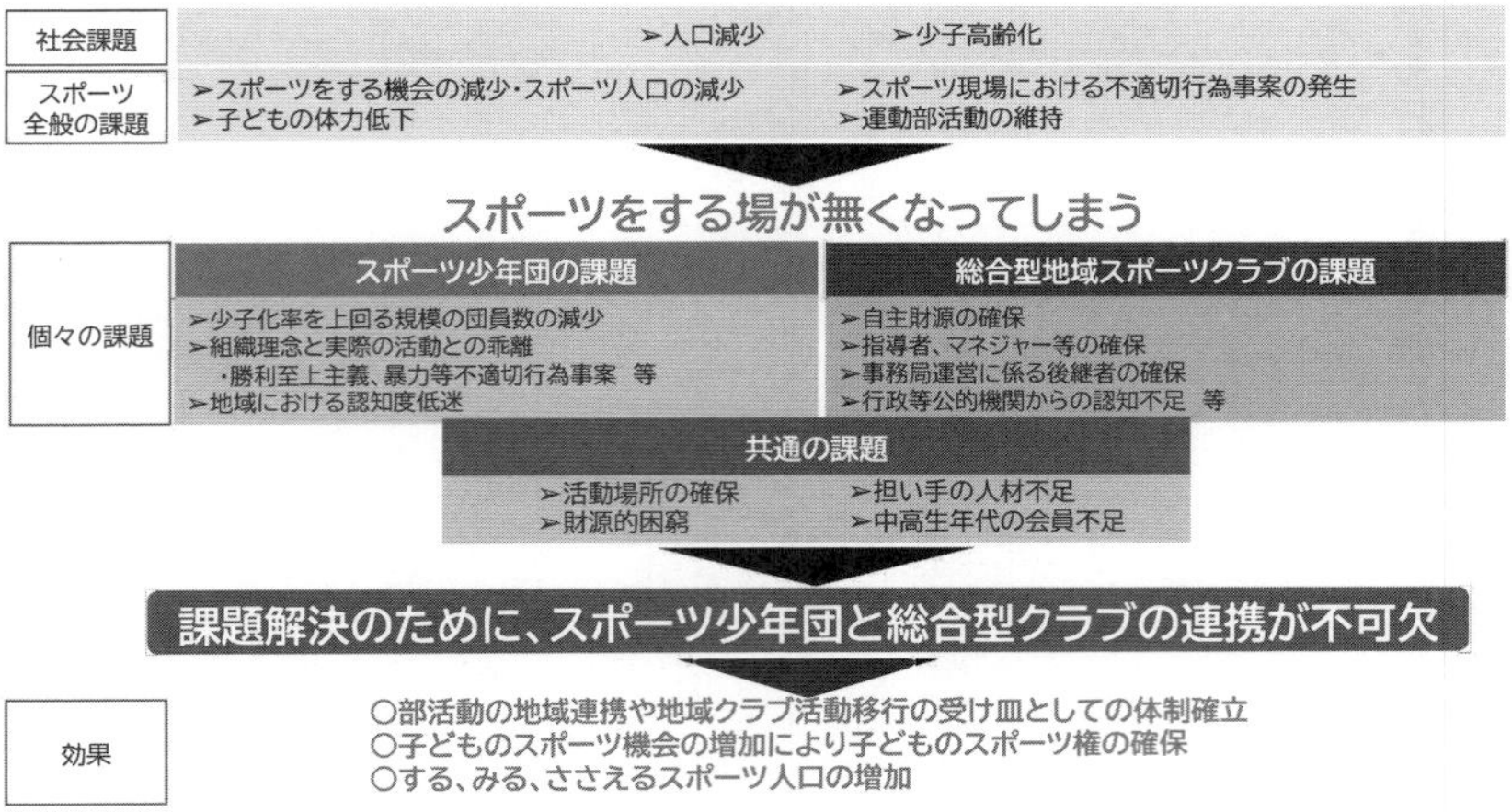

社会課題
➢人口減少
➢少子高齢化
スポーツ全般の課題
➢スポーツをする機会の減少・スポーツ人口の減少
➢子どもの体力低下
➢スポーツ現場における不適切行為事案の発生
➢運動部活動の維持
スポーツをする場が無くなってしまう
個々の課題
スポーツ少年団の課題
➢少子化率を上回る規模の団員数の減少
➢組織理念と実際の活動との乖離
・勝利至上主義、暴力等不適切行為事案 等
➢地域における認知度低迷
総合型地域スポーツクラブの課題
➢自主財源の確保
➢指導者、マネジャー等の確保
➢事務局運営に係る後継者の確保
➢行政等公的機関からの認知不足 等
共通の課題
➢活動場所の確保
➢財源的困窮
➢担い手の人材不足
➢中高生年代の会員不足
課題解決のために、スポーツ少年団と総合型クラブの連携が不可欠
効果
○部活動の地域連携や地域クラブ活動移行の受け皿としての体制確立
○子どものスポーツ機会の増加により子どものスポーツ権の確保
○する、みる、ささえるスポーツ人口の増加

図4　スポーツ少年団と総合型クラブの連携体制構築に向けた取り組みの背景と期待される効果

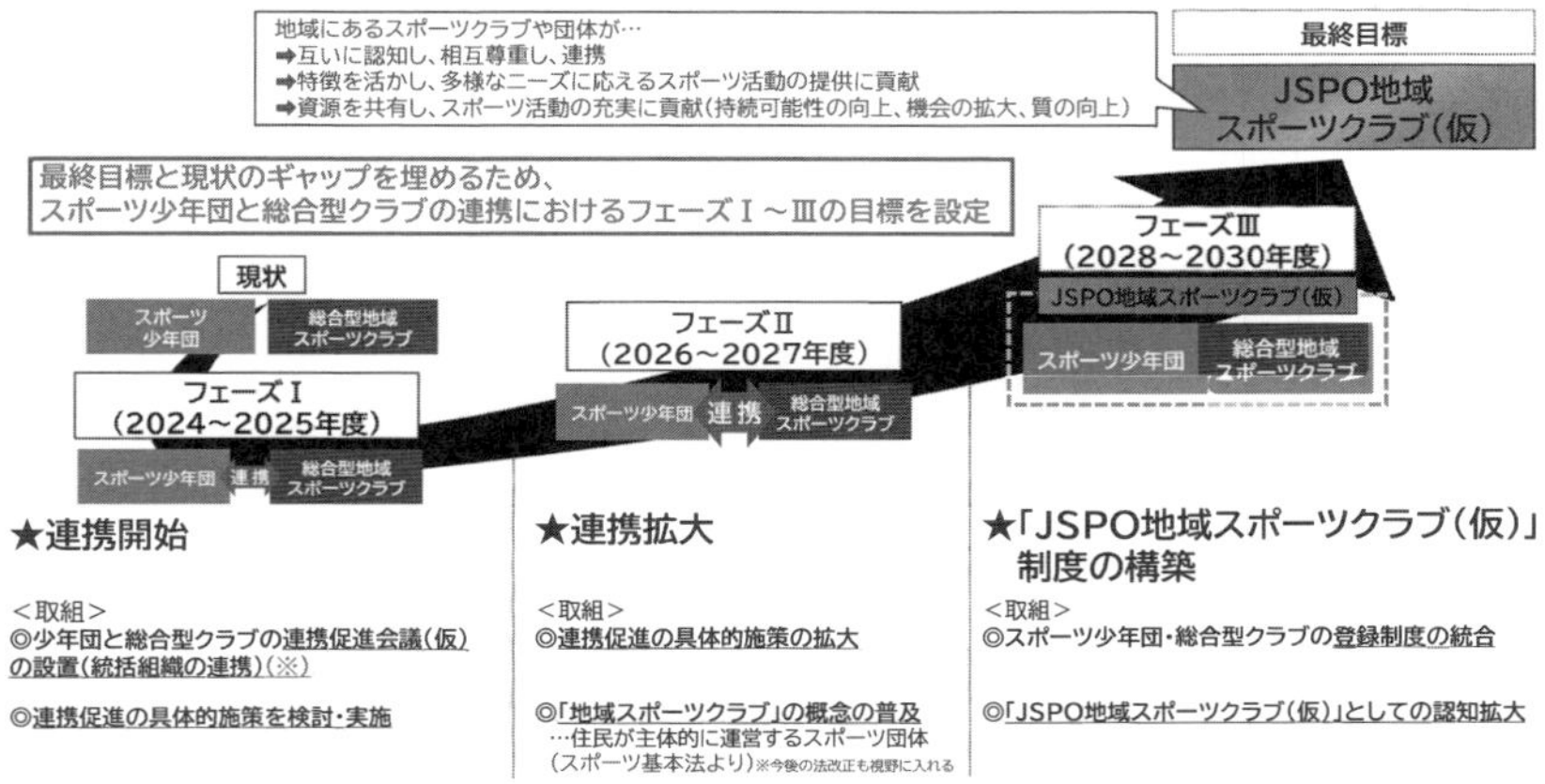

図5　スポーツ少年団と総合型地域スポーツクラブの連携体制構築イメージ

て多様なニーズに応えるスポーツ活動の提供に貢献するとともに、資源を共有し、スポーツ活動の充実に貢献するような「ＪＳＰＯ地域スポーツクラブ（仮）」制度を構築し、現在はそれぞれ別に設けられているスポーツ少年団と総合型クラブの登録制度を統合し、「ＪＳＰＯ地域スポーツクラブ（仮）」としての認知を拡大することを目指している。

以上のように、運動部活動改革の議論の活発化を契機に、ＪＳＰＯの地域スポーツの推進の取り組みも、既存の資源を活かしながら、これからの地域スポーツを支えるための新たな仕組みの構築にも着手している。運動部活動改革という観点では、子どものスポーツ権の確保ということが第一義にはなるが、地域のスポーツを取り巻く環境が大きく変わる中で、ＪＳＰＯは、誰もが生涯にわたり、やりたいと思うスポーツを、それぞれの目的、志向、嗜好にあわせて楽しめることができるような地域スポーツ全般の環境整備に努めていきたい。そのために、中央競技団体、都道府県スポーツ協会をはじめとするスポーツに関わる組織・団体の間で、「競技力向上」と「普及」という従来の枠組みを越え、何のために地域スポーツを推進するのかについての共通認識を深めることが求められるであろう。

（公益財団法人日本スポーツ協会）

【注】

（1）中央競技団体等主催の大会については令和7（2025）年度から、都道府県競技団体等主催の大会については令和8（2026）年度から、日常の指導の場では令和12（2030）年度から、公認スポーツ指導者資格を義務付けることとしている。なお、NF等の主催大会については11団体が、令和4（2022）年度の時点で公認スポーツ指導者資格の保有を既に義務付けている。

（2）「【特集ページ】運動部活動改革に向けた取り組み～ジュニアスポーツの環境改善・充実に向けて～」（https://www.japan-sports.or.jp/tabid1377.html）を参照。

【参考資料】

日本体育協会（2018）提言「今後の地域スポーツ体制の在り方について―ジュニアスポーツを中心として―」、https://www.japan-sports.or.jp/Portals/0/data/somu/news/20180606_Regarding_the_future_of_the_regional_sports_system.pdf8（2024年9月11日閲覧）。

スポーツ庁（2018）運動部活動の在り方に関する総合的なガイドライン、https://www.mext.go.jp/sports/b_menu/shingi/013_index/toushin/__icsFiles/afieldfile/2018/03/19/1402624_1.pdf（2024年9月11日閲覧）。

スポーツ庁（2020）学校の働き方改革を踏まえた部活動改革、https://www.mext.go.jp/sports/b_menu/sports/mcatetop04/list/detail/1406073_00003.htm（2024年9月11日閲覧）。

スポーツ庁運動部活動の地域移行に関する検討会議（2022）運動部活動の地域移行に関する検討会議提言、https://www.mext.go.jp/sports/b_menu/shingi/001_index/toushin/1420653_00005.htm（2024年9月11日閲覧）。

スポーツ庁（2022）運動部活動の地域移行に関する検討会議提言を受けた関係団体への要請文の手交について、https://www.mext.go.jp/sports/b_menu/houdou/jsa_00108.html（2024年9月11日閲覧）。

スポーツ庁・文化庁（2022）学校部活動及び新たな地域クラブ活動の在り方に関する総合的なガイドライン、https://www.mext.go.jp/sports/content/20230216-spt_oripara-000012934_2.pdf（2024年9月11日閲覧）。

運動部活動の「受け皿」は地域スポーツの「あり方」か

小島大輔

はじめに

これまでの地域スポーツに対して、今後の地域スポーツ推進体制の在り方に関する有識者会議（２０１５）「今後の地域スポーツの推進方策に関する提言」では、次の評価・認識がなされている。

「子どもから高齢者に至る誰もが日常的にスポーツに親しむことができる環境を提供し、スポーツによる精神的充足感や楽しさ、喜びをもたらし、心身の健全な発達を促すとともに、人、情報、地域の交流による地域コミュニティの活性化に大きな役割を果たしてきた。」

一方、『社会体育』以降、過大な役割期待を背負い込んできたスポーツは、スポーツ実践自体に向けられるスポーツの論理と、それがいかに地域に貢献しうるのかを考える生活の論理との間で行き場を失い、場当たり的な対応を地域に求めることを余儀なくしてきた（嘉門、２０１６：68頁）」という、地域の苦悩も指摘されている。

後述する通り、地域スポーツはこれまで常に校区という範囲の「地域」に資するようにその活動が展開されてきた。

ただ、マッキーヴァー（1975：46頁）は、コミュニティの範囲について、「それより広い領域からそれが何程か区別されなければならず、共同生活はその領域の境界が何らかの意味をもついくつかの独自の特徴を持っている」としている。さらに、「コミュニティの源泉は共同関心であ」り、「類似者の類似関心は一部分、類似者の共同関心となる」が、その際「地域の近接は潜在的な類似関心を共同関心に転化させる」としている（マッキーヴァー、1975：134‐135頁）。はたして、校区においてこのような〈共同関心〉を生み出すことはできるのだろうか。

　地域スポーツにおいては、長年、学校と地域の関係は検討され続けてきた。とくに、学校開放（学校施設の一般利用）は、終戦直後の社会教育黎明期から指摘され、コミュニティ・スポーツ政策でも活動場所としての活用が期待された。1976年の文部事務次官通知「学校体育施設開放事業の推進について」もあり、統廃合でその数はピーク時よりも減少したものの、長期的には小・中学校の学校開放事業は進んだといえる。また、「地域のコミュニティの拠点」を目指した「学校施設と他の公共施設等との複合化」も検討され、学校施設については継続的に共有が試みられてきた（1）。

　しかし、これまで校区という地域が想定されながらも、その〈共同関心〉の「核」であり、最大の地域スポーツ資源である学校（教育）に対しては、地域スポーツの側から積極的に目が向けられなかった。また、「正統性」「当事者性」という観点から、これまで校区を想定してきた地域スポーツ政策の実践主体（例えば、総合型地域スポーツクラブ（以下、総合型クラブ））の意思決定が、「地域」住民の意志や実態を反映しているのかという問題が少なからずあったといえるし、校区自治制度との連携・〈節合〉などはほとんど報告されていない。ところが、地域スポーツ政策にとって、近年の部活動の地域移行は、潜在的な〈共同関心〉の「核」とその想定「地域」が一致する初めての状況にあるのである。

　本稿では、地域スポーツが想定する「地域」としての校区の変遷を整理し、部活動の地域移行が「地域」を「受け皿」として規定する際の懸念点を示したい。

地域スポーツに内在化された規範と「地域」

地域におけるスポーツ活動は、社会体育の展開時からすでに機能主義的な観点で推進が図られた。それは、「地域体育」として、地域のスポーツ活動が盛んになることで、互いの理解を深められ、「地域的なグループ」活動も活発化し、「自分の町や村」への意識が高まった結果、地域社会的な問題解決に貢献できると期待されていたという（森川，1975：23-25頁）。このとき想定された「地域」とは、体育管理の立場から現実的に、「住民の要求をくみあげながら、体育事業をうち出すことができ、…すべての住民を同時に考慮できる範囲」の市町村であった（宇土，1960：311頁）。この時期は、新制中学校設置管理も促進要因となった昭和の大合併後であり、結果として中学校区から行政の範囲で行政主体の「地域体育」が展開された。

1970年代のコミュニティ・スポーツ政策が想定したのは「生活の場」という範囲であった。「運動広場、体育館、プール、子供の遊び場等」「このような日常生活圏におけるスポーツ活動が地域住民相互の接触を深め、新しい時代に合致したコミュニティ活動の場の形成に貢献することを期待する」とされたが、具体的な地理的範域は示されなかった(2)。しかし、直前に展開された「コミュニティ政策」にて、「生活の場」は「人々の心のつながりによって維持される自主的な集団」の広がる範囲として想定され(3)、「住民の日常生活の場である近隣社会の生活環境の整備とあわせて、住民の地域的な連帯感に基づく近隣生活が営まれてはじめて実現される」「モデル・コミュニティ地区」の範囲としては「おおむね小学校区域程度の規模を基準」で設定されていた(4)。また、コミュニティ・スポーツ政策に影響を与えたとされる経済同友会（1972）「70年代の社会緊張の問題点とその対策試案」でも、「(地域コミュニティの）単位は、歩行によって交流できる範囲、つまり現在の公立小学校、もしくは中学校の各学区程度の規模が望ましい。また、子供の学校教育を通じて、家庭間の接触が緊密化する傾向の大きいことからいっても、公立小中学校を中心に地域コミュニティを建設することは効果的」とされた。

他方、地域スポーツという語は、その出現時、「学校体育以外で行われているスポーツ活動のすべて（永島，1971：95頁）」と、スポーツの実践場面を示す程度であった。ところが、コミュニティ・スポーツ政策が展開されると、地域スポーツに規範的な意味が付加された。厨（１９７５：２‐３頁）は、地域スポーツを「①特定の社会に置ける人間関係の及ぶ空間的範囲…、②（地域に対する）愛着あるいは関心や特定の感情をもとに形成される生活範囲、③…社会生活に必要な一定の空間的な範囲…に住んでいる人々が自発的に展開するスポーツ活動」と定義し、「その活動を通じて醸成される〝われわれ意識〟が、何らかの形で地域社会形成への意識とその集団化を指向する要素含んでいる」ものとしている（厨、１９７７：１７４頁）。八代（１９９２：16頁）によると、地域スポーツ振興における「地域とは、市町村の行政区域をいくつかに細分した区分であり、日常の生活に必要な事柄をおおよそ処理できる範囲であり、目安として小学校区、あるいは中学校区が想定されることが多い」との報告がある。以降も理念としての「コミュニティ・スポーツ」は、「常に当為概念としての〝地域〟を想定し（伊藤・松村、２００９：84頁）」、「地域スポーツ」の「あり方」を規定し続けた。

総合型クラブが想定する「地域」はどうだろうか。２０００年策定の「スポーツ振興基本計画」では「身近な生活圏である中学校区程度の地域」、文部科学省（２００１）「総合型地域スポーツクラブ育成マニュアル」では「一般的に拠点となる施設を中心として、会員が自転車等で無理なく日常的に集うことのできる範囲」と示されている。これに対して、中島（２００３：69頁）は、「各地域の性格があまり考慮されていない」こと、「外面的形式が国の規準として力を持つこと」を危惧し、「地域の特性を無視して、画一的に範域を指定することに意味はあるのであろうか」と疑義を呈している。もちろん、「今日の総合型クラブは地域自治への寄与も期待されるスポーツ組織（嘉門、２０１６：68頁）」ではあるが、はたして想定された校区という「地域」で求められる役割を果たすことはできたのだろうか。

一方で、小林（２００３：87頁）は、「地域住民はえてして行政側の抱える政策的な課題を解決するためにスポーツを行うのではなく、自分たちの暮らしを基準に、自分たちの都合のいいようにスポーツを実践する」と述べている。海老原（２００３：２２９頁）は、コミュニティ・スポーツ論に対して、「スポーツを分立的関心を経ないまま共同関心に転化する連結的結合を示すと思い違いの典型」と断じた。そして、「スポーツ村」「社会体育論」「コミュニティ・

スポーツ論」「スポーツ・フォア・オール」「生涯スポーツ論」という地域スポーツの政策を「スポーツの手段化の呪縛の流れ」とし、そこから脱出を図るために「スポーツ権」を主張する必要性を強調している（海老原、２００３：２２８頁）。

「受け皿」という「地域」の位置づけ

近年、注目される運動部活動の地域移行は、その提言書において「単に運動部活動を学校から切り離すということではなく」とされている(5)。しかし、対応が検討されているとはいえ、部活動が『学習指導要領』で規定された「学校教育の一環」であることや社会教育との重複による混乱が認識され、現状は地域「移行」ではなく、単純な「外部化」となるおそれがある。

この状況を象徴するのが「受け皿」という言説であり、そこには「学校教育の論理」優先の状況を見出すことができる。中澤（２０１４）に詳しいため詳述は避けるが、１９７０年代の「運動部活動の社会体育化」、１９９０年代〜２０００年代の「運動部活動の多様化＝外部化」においても、長期に渡り地域は「受け皿」であるという視点で議論が展開されてきた(6)。部活動の地域移行は、時期によってその背景は異なるものの、「地域への開放を前提」にした「地域社会での受け入れ」として現在まで議論が展開されてきたのである（嘉門２０１６：67頁）。

この「受け皿」という表現は、前掲の提言(7)で、「地域移行の受け皿となる地域」「運動部活動の地域移行にあたり、その『受け皿』となり得る地域におけるスポーツ団体等」として用いられているだけでない。現在活発化するこのテーマの議論において「受け皿」が散見される状況は、（もちろん批判的使用も含めても）学校からみた一方的な地域の「受け皿」化として一義的に捉えることができる。

一方で、総合型クラブでは中高校生の参加が少ないため、部活動の地域移行は、「一貫指導、多世代交流、多様な住民の交流、人材の循環といった地域スポーツの効果や狙い」において「チャンス」（小野崎、２０２２：29‐30頁）とするなど、地域が敢えて「受け皿」の役割を担おうとする戦略的な「受け皿」観もある。例えば、「受け皿」として、山口・石川（２０２２）は組織の立上げの必要性を指摘し、小林（２０２３）は部活動のために方針を示し、岩間（2024）は総合型地域スポーツクラブを担い手にあげるなど、「学校教育の論理」に積極的に合わせようとする動きもある。もちろん、実際は、西島（2022：136頁）が示す「部活動は地域移行するしかない」という「空気」に覆われて、地域移行に対して盲信的・献身的な場合もあり、前述の「受け皿」言説にとらわれている事態も想定される。ただし、嘉門（2016：75‐76頁）が、「地域の人々は政策的な流れに沿って一定の対応を見せながら、内部で地域独自の論理によってその意味を解釈し直す」ことを確認し、「スポーツを振興するという命題を前提とする上では疑われることのなかったスポーツの持つ公共性に対して、地域住民はそれを解体し地域内部の論理として再構成していた」ことを見出したように、地域は部活動の地域移行を戦略的に「解体」し、「地域の論理」へと「再編成」するために、「受け皿」という〈ポジショニング〉をしているとも考えられる。

他方、部活動の地域移行に関して多数の論考がある友添（2023b：64‐65頁）も、「地域で生徒の受け皿を考えるときに」「地域で生徒の受け皿として」などと、「受け皿」という表現を使用しているが、「部活の意義を継承し発展させ、地域移行でさらに新しい価値を生み出す」ためには、「学校の部活を単に地域に水平移行させて終わり」ではないと述べ（友添、2023a：14頁）、「学校教育の論理」を優先させた一方的な立場を取っているわけではない。内海（2023：1‐2頁）も、「部活動の地域への放逐」を危惧し、「地域移行ならば受け皿となる地域スポーツも併行して議論されなければならない」と主張し、「学校、教育の系と国民スポーツ、地域スポーツの系という2つの系から議論」する必要性を説いた。このように、学校教育や既存の地域スポーツという枠組みより広範な、地域の子どものスポーツ権確保の「受け皿」という意味を見出すことができる場合もある。

そもそも、現行の地域移行における懸念点を認識・意識しつつも、多くの論者が「受け皿」という語を用いて地域を表現している。この「受け皿」という表現が定着し、無意識に（かつ無批判に）慣用句的に使用されていることも、前述の「受け皿」化を助長することにはならないか危惧される。多少極端ではあるが、「地域スポーツの部活動移行」という表現がなされないように、「受け皿」という表現で学校に対する地域のあり方を規定してしまう「力」があること、この意味で「地域移行」という表現も一方的であることを認識するべきではないだろうか。

果然、このような表現そのものに違和感を抱いた議論も現れた。西（2023：113頁）は、「「受け皿」と言われている間は、本当の意味で地域移行は進まない…受け皿ではなく、やはり主体として、自分事として動かないといけない」と主張し、長沼（2021：37頁）は、『地域移行』という語には、これまでの学校の部活動の内容・方法・活動時間・指導者・形態等を〝そのまま移行する〟と誤解される可能性があるため、今後は『地域展開』という語を用いた方が良いのではないか」と主張している。実際、2022年の提言後のパブリックコメントを受けて、「地域毎に最適解があるという多様な立場から…『地域移行』から『地域連携・地域移行』（友添、2023a：13頁）」という表現で改めて展開されるようになっていった(8)。

おわりに

西島（2022：136頁）が「完成形が見えないままに地域移行に突き進もうとしていることに、私は強い危うさを覚えざるをえない」と危惧したように、現状としては様々な論理が錯綜した状態であり部活動の地域移行の先にあるものを見通すことができない状況ではある。とはいえ、学校部活動か地域移行かという二分法の誤謬からの脱却も検討する必要があるのではないか。すなわち、「地域移行」を「これまで学校教育が担ってきた部活動を単に地域に移行するという意味ではなく、新たに地域において部活動の機能に相当する活動（傍点筆者）を展開（長沼、2021：31頁）」する必要性が叫ばれているのである(9)。この場合、地域は部活動の「受け皿」ではない。この「(生活の場、校区としての）地域の論理」における〈共同関心〉となる新たな地域スポーツ領域を創造するという考えは、学校も地域の一部という視点に立てば、容易に理解できるだろう。

松橋（2022：90‐91頁）は、「学校部活動の地域移行が、学校教育側の論理によって進められるだけではなくその受け皿となる地域社会側の論理を満たして進めていくためには、学校教育と地域社会側の社会教育の両方の課題を満たしていく必要がある」と主張している。この点、いみじくも谷口（2014）が示したような学校部活動と総合型クラブが競合する場合の葛藤など、部活動の地域移行において「地域単位」として校区を想定する場合、結果としてどのようなゴールがあるかによって、そのためにどのように調整するか（統合か連合か解体再構成か）が異なってくるのである。また、小学校区は中学校区の内部である。小学生スポーツと中学生スポーツをどう編成するか／しないか、地域のスポーツシステムの変更を伴うことも考慮されよう。

部活動や地域スポーツに対する「（生活の場、校区としての）地域の論理」、「学校教育の論理」、「スポーツの論理」は、実際の空間と同様の同心円や入れ子の構造をしているわけではない。「地域移行」だけでなく「受け皿」という意識を再考し、論理が多方向・重層的に錯綜するなかに〈共同関心〉を見出し、その目標の設定を通して、調整・展開を図っていく過程が必要ではないだろうか。

（大阪成蹊大学）

本研究はＪＳＰＳ科研費（基盤研究（Ｃ）「観光・まちづくりにおける「ご当地スポーツ」の価値・資源性に関する研究」課題番号：２４Ｋ１５５２９／研究代表者：小島大輔）の助成を受けた。

【注】

（１）尾崎（２０１５）および学校施設と他の公共施設等との複合化検討部会報告書「学習環境の向上に資する学校施設の複合化の在り方について～学びの場を拠点とした地域の振興と再生を目指して～」

（２）国民生活審議会（１９６９）「コミュニティ―生活の場における人間性の回復―」

（３）経済企画庁編（１９７３）「経済社会基本計画―活力ある福祉社会のために―」

（４）自治省（１９７１）「コミュニティ（近隣社会）に関する対策要綱（試案）」

（５）運動部活動の地域移行に関する検討会議（２０２２）「運動部活動の地域移行に関する検討会議提言」

（６）例えば、中澤の論考から、「１９７０年代と比べて、確かに今は地域スポーツが隆盛していくらか受け皿ができつつある（中澤２０２３：２２６頁）」「００年保体審答申では、運動部活動の受け皿となりうる総合型地域スポーツクラブの政策構想が示された。（中澤、２０１４：１４７頁）」「運動部活動を学校から移行するためには、まず、その受け皿となる施設や設備が地域社会に必要である（中澤、２０１４：65頁）」などという、各年代の部活動と地域の位置づけを確認することができる。また、神谷（２０２２：９頁）は、１９７０年代の状況について、「部活動の受け皿となる地域クラブがない」「多くの地域では受け皿となるクラブや施設がつくられず」「受け皿となる組織・施設がないという当時の状況」という表現を使用している。

（７）前掲（５）

（８）スポーツ庁・文化庁（２０２２）「学校部活動及び新たな地域ク

ラブ活動の在り方等に関する総合的なガイドライン」など、政府関係の資料に表現の変化が見受けられる。

(9)「学校と地域が協働・融合した」「融合型部活動」(渡邊、２０２３：２７４頁)」、「青少年のスポーツ権回復のため地域のスポーツ資源を総動員した新たな地域スポーツの創造」(鈴木、２０２３：１４４頁)」、学校内に「学校と地域が一緒になって相互扶助の精神で児童・生徒を育んで行く組織」をつくり学校外へと広げる方式(松田、２０２３：２４６頁)など、近年様々な提案がなされている。

【文献】


伊藤恵造・松村和則(２００９)「コミュニティ・スポーツの再構成」『体育学研究』54、77-88頁。

岩間英明(２０２４)「運動部活動の地域移行における現状とその課題」『松本大学研究紀要』22、1-15頁。

内海和雄(２０２３)「部活動の地域移行を考える」『広島経済大学研究論集』46(1)、1-15頁。

宇土正彦(１９６０)『体育管理学』、大修館書店。

海老島均(２０２３)「地域スポーツクラブと学校運動部活動の相互補完構築：イギリス、アイルランドにみるシームレスなパスウェイ」『体育の科学』73(4)、２３８-２４２頁。

海老原修(２００３)「コミュニティ・スポーツの限界とアソシエーション・スポーツの可能性」海老原修編『現代スポーツ社会学序説』、杏林書院、２２６-２３３頁。

尾崎正峰(２０１５)「スポーツの基盤を地域で創る」『住民と自治』６３０、6-10頁。

小野崎研郎(２０２２)「部活動の地域移行をどう進めるか：地域SCから見た課題」『ガバナンス』２５５、29-31頁。

神谷拓(２０２２)「「地域部活動」に潜む政治と矛盾」『季刊教育法』２１４、6-12頁。

嘉門良亮(２０１６)「総合型地域スポーツクラブ政策の地域的「転換」過程」『スポーツ社会学研究』24(1)、63-78頁。

厨義弘(１９７５)「地域スポーツのための計画—序説—」『体育社会学研究』4、1-19頁。

厨義弘(１９７７)「地域社会とスポーツ」平沢薫・粂野豊編『生涯スポーツ：幼児・児童・青年・成人・高齢者のための』、プレスギムナスチカ、１６７-１９５頁。

小林勉(２００３)「日本のスポーツ振興施策の動向と課題：コミュニティ・スポーツ論の系譜に寄せて」『信州大学教育学部紀要』１１０、81-88頁。

小林等(２０２３)「地域スポーツクラブから見た「部活動の地域クラブ移行」の現状と課題の考察：神奈川県中郡二宮町の実践事例から」『玉川大学観光学部紀要』10、１０３-１２６頁。

鈴木寛(２０２３)「新しい地域スポーツの創造」遠藤利明監修、日本スポーツ政策推進機構編『地域スポーツ政策を問う：新しい地域スポーツへの挑戦』、ベースボール・マガジン社、１１８-１６１頁。

谷口勇一(２０１４)「部活動と総合型地域スポーツクラブの関係構築動向をめぐる批判的検討：「失敗事例」からみえてきた教員文化の諸相をもとに」『体育学研究』59(2)、５５９-５７６頁。

友添秀則(２０２３ａ)「運動部活動改革と「運動部活動の地域移行に関する検討会議提言」をめぐって」『みんなのスポーツ』45(6)、12-14頁。

友添秀則(２０２３ｂ)「運動部活動改革と地域スポーツの創造に向けて」遠藤利明監修、日本スポーツ政策推進機構編『地域スポーツ政策を問う：新しい地域スポーツへの挑戦』、ベースボール・マガジン社、38‐73頁。

中澤篤史（2014）『運動部活動の戦後と現在：なぜスポーツは学校教育に結び付けられるのか』、青弓社。

中澤篤史（2023）「1970年代における運動部活動の社会体育化：失敗の歴史を振り返る」『体育の科学』73（4）、222‐227頁。

永島惇正（1971）「地域スポーツに関する研究―スポーツ活動にみられる地域差」『山口大学教育学部研究論叢 第3部』20、95‐108頁。

中島信博（2003）「地域スポーツ政策のこれから―〝総合型地域スポーツクラブ〟を現場から問う」『現代スポーツ評論』9、62‐74頁。

長沼豊（2021）「部活動の地域移行についての考察」『学習院大学教育学・教育実践論叢』7、29‐40頁。

西島央（2022）「「部活動は地域移行するしかない」という「空気」の危うさ」『現代スポーツ評論』47、135‐141頁。

西政仁（2023）「部活動の地域移行：今、総合型地域SCが地域に求められる理由」『年報体育社会学』4、110‐114頁。

マッキーヴァー、R・M著、中久郎・松本通晴監訳（1975）『コミュニティ：社会学的研究：社会生活の性質と基本法則に関する一試論』、ミネルヴァ書房＝MacIver,R.M. (1924) *Community: a sociological study: being an attempt to set out the nature and fundamental laws of social life* 3rd ed. Macmillan: London.

松田雅彦（2023）「スクール・コミュニティクラブの挑戦：学校と地域の協働による事業体設立」『体育の科学』73（4）、249‐254頁。

松橋崇史（2022）「学校部活動の地域移行にむけた学校体育施設の運用課題」『現代スポーツ評論』47、81‐91頁。

森川貞夫（1975）「「コミュニティ・スポーツ」論の問題点」『体育社会学研究』4、21‐54頁。

山口勉・石川照子（2022）「三重県における中学校運動部活動の現状と課題」『三重大学教育学部研究紀要』74（1）、179‐186頁。

八代勉（1992）「生涯学習と生涯スポーツの振興」岡本包治編『地域における生涯スポーツの振興：企画・実践・評価』、ぎょうせい、5‐25頁。

【特集】地域スポーツの現在

OB会を中心とした地域スポーツクラブの新展開

有山篤利

1．部活動の地域移行と生涯スポーツの危機

（1）青少年期のスポーツと運動部活動

２０１１年に施行されたスポーツ基本法には、「スポーツを通じて幸福で豊かな生活を営むことは、すべての人々の権利」であることが宣言されている。また、２０２２年に策定された第３期スポーツ基本計画には、「今後5年間に総合的かつ計画的に取り組む政策」として「多様な主体におけるスポーツの機会創出」が示され、「国民のスポーツ実施率を向上させ、日々の生活の中で一人一人がスポーツの価値を享受できる社会を構築する」ことが政策目標に掲げられている。これは、いわゆる生涯スポーツという言葉で総称されるスポーツ享受の在り方を示すものである。今やスポーツは、健康や体力向上に向けた手段的価値のみならず、豊かな生を享受する文化としての内在的価値を期待される活動となっている。

さて、我が国の生涯にわたるスポーツとのかかわり方を俯瞰すれば、おおよそ、青少年期の活動を学校が担い、その前後の子どもと壮年期以降の活動を地域スポーツクラブ

（以下、地域ＳＣと略す）や団体等が担うという住み分けがみられる。なかでも、スポーツへの直接的な入口として大きな役割を果たしているのが、学校で行われる運動部活動である。

近年では、地域ＳＣやスクール等の普及により、学校体育を経由しないスポーツ参加の形態も増加してきているが、それでも体育授業で系統だった運動やスポーツに触れつつ、中・高の運動部活動で本格的な活動に没入していくという姿は、今も我が国のスポーツ参加の典型的な型である。我が国では、青少年がスポーツをするということは、一部の例外を除いて教育活動と一体化しながら心身を鍛え、技能を磨き競技会に出場すること、すなわち学校単位で高度化競技スポーツの文脈に身を置くことを意味している。

（２）運動部活動から地域ＳＣへ

しかし、今、その青少年期のスポーツ活動が危機にある。その中核であった学校の運動部活動が、急速に進む少子化とそれに伴う学校のダウンサイズや、働き方改革の進行とともに浮上した教員の過重労働問題等の影響により機能不全に陥りつつあるのである。それは、長年にわたって築かれた我が国のスポーツ活動の構造が崩れることを意味している。スポーツへの窓口が狭められかねないのである。このような状況をうけ、今、青少年のスポーツ活動の場を地域のリソースに求めようという改革がスポーツ庁を中心に展開されている。いわゆる、部活動の地域移行という政策である。

この部活動の地域移行については、メディアを中心に教員の過重労働という側面が強調され過ぎたために、国が進める働き方改革の象徴であるかのような認識が一般化してしまった（原・竹内、２０２３）。しかし、それは本質を踏まえた捉え方とは言い難い。２０２２年にスポーツ庁・文化庁が示した「学校部活動及び新たな地域クラブ活動の在り方に関する総合的なガイドライン」には、「少子化の中でも将来にわたり、生徒がスポーツ・文化芸術活動に継続して親しむことができる機会を確保することを目指し、学校部活動が生徒にとって望ましいスポーツ・文化芸術環境となるよう、適正な運営や効率的・効果的な活動の在り方について示す」（傍点は筆者）と明記されている。

本ガイドラインが示すとおり、運動部活動の改革のメインストリームはスポーツ基本法に示された生涯スポーツ社会の実現のために、学校に代わるスポーツ活動の場を地域に確保することにあろう。生涯スポーツへの入り口を喪失しないための手段として、運動部活動を地域に移行することが必要であり、それが実現すれば結果として教員の働き方改革につながるという道筋である。この順序は決して間違えてはならない。

今、スポーツ基本計画が謳う「日々の生活の中で一人一人がスポーツの価値を享受できる社会」の窓口が、運動部活動の機能不全によって危機に瀕している。この現状を、総合型地域スポーツクラブ（以下、総合型ＳＣと略）など、地域のリソースを活用してどのように再構築していくのかが問われている。地域ＳＣには、我が国の生涯スポーツの在り方を左右するような、きわめて重大な使命が課せられようとしているのである。

2. 社会の変容とこれからの地域ＳＣの役割

（1）現代社会が求めるスポーツと運動部活動改革

生涯スポーツ社会を実現するために、地域ＳＣなど学校外のリソースに期待が寄せられているのはすでに述べたとおりである。それでは、これまで運動部活動として行ってきたスポーツ活動を、そのまま地域ＳＣに移行させることで問題は解決するのだろうか。

下竹（２０２３）は、運動部活動を地域に移行する方法を検討する前に、「運動部活動が一体『何』をしてきたのか」を確認した上で、「運動部活動が果たしてきた役割の『何』を日本社会は必要とするのか」を十分考える必要性があることを指摘している。また、有山（２０２４、19頁）は、この下竹の指摘を引用しながら、運動部活動が、教育活動、競技スポーツ活動、自由な自主活動の３つの要素で成り立つ活動であり、その全てをそのまま地域に移すのではなく、「何を学校に残し、何を地域に移す」のか、その内容を精査することが先決であると述べている。

現在の運動部活動は、学校単位で高度化競技スポーツに参加することが骨格となっている。有山（２０１６）は、運動部活動で行われてきたこの高度化競技スポーツが、戦後の産業中心の成長型社会の要請に応える形で成果主義的な性格を強めてきたと述べている。産業社会が求めた成果重視の考え方と、高度化競技スポーツに内包される勝利重視の考え方は合わせ鏡の関係にあり、楽しい学生生活を我慢しながらメダルや賞状獲得に向け努力する運動部活動は、ノルマや業績のために生活を犠牲にして働く勤労者育成の手段として重宝されてきたというのである。

しかし、時代は確実に変化している。1970年代以降、世界は「産業化社会から脱産業化社会」へと突入したと言われる（友添、2011）。我が国においても、近年の急激な技術革新は生産力向上と労働の効率化をもたらすようになった。その結果として実現した労働時間の短縮は、これまで軽視されてきた余暇時間というものを顕在化させるようになる。我々は物質的な豊かさを求めるあまり見失っていた、余暇における心の豊かさを再発見したのである。

加えて、OECD（経済開発機構）のデータベース等において日本人の長時間労働の実態が明らかになると、働き過ぎや過労死などの問題がクローズアップされるようになる。仕事に追われ、豊かな余暇を実感できない生活への反省は、今や、国を挙げての働き方改革として社会を突き動かす大きな流れを創り出している。

これらの社会動向は、私達の生き方に劇的な変化をもたらした。これまで間違いなく美徳として認識されてきた「がむしゃらに働く」ことは、むしろ豊かな人生を妨げるネガティブな価値となった。日本人が信じてきた「生きる≒勤労」という価値観が揺らいできたのである。必然的に、旧来の勤労観に支持されてきた高度化競技スポーツへの期待は薄れていく。代わって、その支持を集めるようになったのが、個人の余暇を潤すスポーツである。具体的にはジョギングや筋トレ、中高年にとってのゴルフ、若者にとってのスケートボードなど、いわゆる個人のライフスタイルに位置付けられたスポーツである。

和久（2020）は講演の中で、オーガナイズド・スポーツ（組織化されたスポーツ）の人口が横ばいもしくは減少傾向にあるのに対し、組織に所属せずに一人でできるノンオーガナイズド・スポーツへの参加者がここ20年間で大きく増えていることを指摘している。従来のオーガナイズドされた競技スポーツの人口減少については様々な要因があり、すべてを一括りで説明することは不可能であるが、このような社会的ニーズの変化が潜在的要因として関与していることは間違いない。

これらのことを踏まえたうえで、本章の冒頭に示した問いに再度注目していただきたい。現在の運動部活動で行われているスポーツは、全国中学校体育大会やインターハイを頂点とする高度化競技スポーツに組み込まれた活動である。ならば、この運動部活動で行われてきたスポーツ活動を、そのまま地域ＳＣに移行することで社会的ニーズに沿った改革が実現するのだろうか。

（2）可処分時間の増加と地域ＳＣの存在意義

今、スポーツに対する社会的な要請は、高度化競技スポーツによる勤労者育成から、生活を潤す文化としての機能に移りつつある。ただし、誤解のないように申し添えるが、それは高度化競技スポーツが不必要であるとか、意味がなくなったということでは決してない。スポーツ文化の発展にとって技能や戦術の高度化は不可欠であり、頂点を目指して勝敗を競うことはスポーツの本質にかかわる問題である。高度化が、スポーツ文化発展の柱の一つであることは言うまでもない。

しかし、時代の様相はさらなる進展を見せている。近年、ＱＯＬ（生活の質）やWell-beingなどの言葉を目にする機会が多くなった。それは、私達の生活に対する満足感が労働時間の短縮や休日の増加など「量」の問題にとどまらず、「質」にかかわる領域にまで及んできたことを意味している。ＩＣＴ技術の飛躍的な発展を背景に、COVID19の拡大を機に定着したリモートワークやＡＩの登場などにより、私達はすでに以前とは比較にならないような自由時間を手に入れつつある。それは、余暇＝余った時間として位置づけられてきた受動的な時間が、主体的な意志決定を伴う「可処分時間」へと一段と進化したことをあらわしている。このことがもつ意味は大きい。

人の生活を、「食う・寝る・遊ぶ」という言葉で包括的に表現することがある。一般的に、「食う」とは生きるために働くこと、「寝る」とは働くために身体を休めること、「遊ぶ」とは余暇を楽しく過ごすことを象徴している。有山（２０２４、19頁）は、現代はこの３つの要素のうち「遊ぶ」の比率が相対的に高まり、「遊ぶ」の活用の仕方が生き方の質を左右する重要な意味をもつ時代になったと述べている。今や、余暇は単なる余りの時間ではない。拡大する余暇を、「遊び」を取り入れた主体的な「可処分時間」として活用するのか、受動的で空疎な時間として消費するのかは、人生の豊かさを左右する大きな分岐点となりつつある。

佐伯（２００８）は、生涯スポーツについて、「それぞれのライフステージにおけるＱＯＬ（生活の質）を豊かにするビジョンとスポーツの文化的享受をライフスタイルの一領域とするビジョンによって特徴づけられる」と述べている。生涯スポーツ社会を実現するためには、スポーツ享受を競技の高度化のみに委ねるのではなく、生活を潤す「遊び」の文化として捉える構えは欠かせない。

「遊ぶ」とは文化を創造する力を問われる行為である。豊かな生き方の追求のためには、健やかに働くことだけではなく、「遊び」という行為の再評価が不可欠である。スポーツは今、「遊び」をいかに「生きる」に重ね合わせていくかという命題に向き合うことを要請されている。ここに、余暇のスポーツを創造し、それを展開する場としての地域ＳＣの存在意義が求められている。

3．運動部ＯＢ会と連携した地域ＳＣの活性化

(1) 主体的なスポーツパーソン育成の必要性

ここまで、豊かな人生を描くための文化として、スポーツの果たす役割と地域ＳＣの存在意義について述べてきた。それでは、地域ＳＣにおいて、「遊び」に資するスポーツ活動を提供できれば問題は解決するのだろうか。これまでも、総合型ＳＣをはじめ地域ＳＣでは、「ライフステージにおけるＱＯＬ（生活の質）を豊かにするビジョン」を掲げ、「スポーツの文化的享受ライフスタイル」に資するプログラムを提供してきたはずである。

しかし、中西ほか（２０１１）や富本ほか（２０１５）が、総合型ＳＣについて、地域格差が大きく、そのねらいや実際の活動が全国的に定着しているとは言い難い状況を指摘しているように、地域ＳＣが国民生活に根付いているかと言えば甚だ心許ない状況も見られる。その要因については、指導者や経済的基盤の問題、行政との連携や地域住民の理解不足など様々に想定される。しかし、ここで一度立ち止まって省察してみたい。私達は、そもそも「遊び」としてのスポーツを正しく評価してきたのだろうか。

例えば、甲子園野球等に典型的にみられるように、私達は「遊び」を排除した高度化競技スポーツのみを正しく有用なスポーツとして捉え、ライフスタイルに密着した「遊び」のスポーツを、価値の低い未分化なスポーツとして軽んじてはこなかっただろうか。理念としては、人生を豊か

にする「遊び」としてスポーツの価値を唱えても、実態としてはそれとはかけ離れた認識で活動は展開されている。

ふざけていい加減な態度や勝敗にこだわらないことと、スポーツを楽しむことはイコールではない。有山（2024、15頁）は、「勝負にこだわらず、真剣に勝敗を競わないプレイに『遊び』の醍醐味はない。競う相手が他人であれ、過去の自分であれ、あるいは自然であれ、全力を尽くして真剣に競うところにスポーツの『遊び』としての根源的な楽しさがある」と述べている。さらに、余暇としてのスポーツを学ぶことは「人間と遊びの関係に再評価を促す大切な活動」になると断じ、このような「遊び」とスポーツの基本的な関係さえ学ぶ機会がない我が国のスポーツ教育の不備を指摘している。

「遊び」とは何かのための手段ではなく、行為そのものに主体的に動機付けられた活動であり、「遊び」としてのスポーツは本人の主体的参画によって起動する。しかし、有山（2024、22-24頁）は、わが国のスポーツがほぼ「習い事」として認識され、自己決定の乏しさなど、参加者の主体性が欠落していることに言及している。もちろん、習い事ではない主体的なスポーツが存在しないということではない。ジョギングやスケボーなど主体性がベースとなったスポーツも増えつつあるが、やはりこれらのスポーツは正統なスポーツに至らない未分化な活動として軽く扱われがちである。

多くの日本人にとって正しいスポーツとは与えてもらうものであり、「場所と機会を準備してもらい、先生に教えてもらう受動的な活動」と理解されている。運動部活動の地域移行における論義が、「指導者と場所の確保」に終始している現状はそのことを端的にあらわしている。豊かなスポーツライフを築くためには、自らスポーツ活動を起動させる主体的姿勢は欠かせない。残念なことに、我が国にはスポーツを真の意味での「遊び」として理解し、主体的なスポーツパーソンを育てる仕組みが不足している（有山、2023）。スポーツは習うものという前提で、人を育てずして制度や場所の整備にのみ傾注した結果が、現在の地域SCの厳しい現状を生んでいるのではないだろうか。

（2）大阪府高校ラグビー交流会の構想

そこで必要となるのが、系統的なスポーツパーソンの育成である。我が国ではその機能を運動部活動に期待してきたが、それは実質的に高度化競技スポーツの活動に身を投じることを意味していた。スポーツと「遊び」の関係は軽視され、いわゆる「引退」という慣習によりスポーツ活動は分断されてきた。

しかし一方で、学校という平等で安定的なシステムに生涯スポーツへの入り口を有することは、地域のクラブ文化が主体の国々に比べ、スポーツへのアクセスのしやすさと言う点で非常に効率がよいことも忘れてはならない。そこで重要となるのが、運動部活動と地域スポーツクラブを系統的につなげるシステムの整備である。その典型例として発展可能性のある計画が、「一般社団法人大阪府高校ラグビー交流会（代表理事蛯川裕規氏、本田祐嗣氏）」（以下、ラグビー交流会と略す）(1)において進められている。

同交流会は、2022年に北野高校ラグビー部OB会である「六稜ラガークラブ」が中心となり、府立高校の天王寺、茨木、四條畷、生野、高津高校のラグビー部OB会に呼びかけを行い、2024年に社団法人として設立に至ったものである。

きっかけは、公立高校のラグビー部の激減にある。1990年に172チームあった府下の全国大会予選出場チーム数は、2023年には37チームとなり、合同チームとしての参加さえ急激に減少している（同会HPより）。一部の強豪私学に部員が集中し、名門と呼ばれた公立高校でさえメンバーの不足が目立ち、「満足な活動ができない、強豪私学との実力や体格差が大きく試合が危険」などの状況が目立ってきたのである。このような状況に対して、OB会が中心となって練習環境の向上に取組み、実力に合った試合機会を提供するとともに、アフターマッチファンクション(2)などを通じてラグビーの魅力を発信し、交流の輪を広げようという目的で同会は立ち上げられた。

現在、春に生徒や家族、指導者などが集って合同練習や交歓会を行う大阪高校ラグビーカミングデー（2024年度は約32校、320人が参加）、夏に花園近鉄ライナーズのトップコーチや選手から指導を受ける特別練習会（延べ240人が参加）、秋に「卒業していく3年生の記念」としてラグビーを楽しむ卒業試合（1・2年生との対戦や花園近鉄ライナーズのプレシーズンマッチの観戦）などが行われ、減少しつつあるラグビー部員の活動支援に力を注いでいる。

しかし、ラグビー交流会の魅力は、高校ラグビー部員の支援という目の前の目標で完結していない点にある。その視線は、「100年先にラグビーが必要とされる基盤づくり」に置かれ、「ラグビーを生かして生活や人生を豊かにする場づくり」を最終的なゴールに捉えている。発足間もない現在は構想段階であるが、それは生涯スポーツを担う地域SCをラグビー部のOB会の輪によって創りあげる試みであり、「100歳までラグビーで集えるコミュニティ」の創造と言えよう。

(3) OB会の連係による地域SCの新たな展開

ラグビー交流会の特徴は、複数校のOB会が連係した地域SCという体裁にとどまらない。部活動と地域SCが連係することにより、生涯スポーツ社会の実現に向けた系統的な流れが生まれる点に注目していただきたい。以下は、同交流会代表理事の蜷川裕規氏へのインタビューをもとにした内容である。これまでのOB会は、部活動の延長に位置づけられていた。在学中の部活動があくまでもメインであり、OB会はそれに付随するプラスアルファの活動であった。しかし、ラグビー交流会では、これまでの運動部活動とOB会の関係が逆転する。

あくまでも部活動は「100歳までラグビーで集えるコミュニティ」への入り口であり、主体は卒業後のコミュニティにある。もちろん、従来のような大会に向けた体力やスキルの向上にも取り組むが、何よりも重視されるのは、ラグビーを核にしたスポーツライフを創造する資質の涵養である。ラグビーそのものの魅力に触れ、その多様な楽しみ方を享受することによって充実した学生生活を過ごす。このような部活動経験を経て主体的なスポーツパーソンを育て、OB会を核にした地域SCで実際のスポーツライフが展開される。ラグビー交流会の構想は、生涯スポーツに向けた系統的な取組として非常に示唆的である。

OB会が核となることの最大の利点は、参加者のアイデンティティが揃いやすいことである。母校の誇り、部活動での様々な経験、ラガーマンという文化等々、参加者が共有するものは多い。「ラグビーという楽しい世界を共有する仲間づくりになるなら、私達は喜んで部活指導にも協力します」と蜷川氏は語る。卒業生にとっては、現役生への指導さえ仲間の開拓として楽しみとなり得るのである。

また、ラグビー交流会では、衰退著しい地域リーグの復活も構想されている。これまでのラグビーにおけるキャリアパスは、「強豪校からリーグワン」へというエレベーターが中心となってきた。その一方で、地域リーグの消滅によって、このキャリアパスに乗れない多くのラグビー愛好者の夢は顧みられることなく切り捨てられてきた。「多様なレベルに合わせた地域リーグをつくるとともに、高齢者のウォーキングラグビーや女子ラグビーなどにも取り組みたい」と蜷川氏は語る。

また、ラグビー交流会の将来像として、「ラグビーをする」だけではなく、ラグビー観戦の会やラグビー仲間のゴルフ同好会、グルメの会など、ラグビーを核にしたコミュニティ活動が期待される。高校でラグビー部に入部すれば、１００歳までラグビーで楽しめる世界が手に入る。それが同交流会の目指す構想である。

5．まとめにかえて

ラグビー交流会の構想を実現するには、乗り越えねばならない大きな壁がある。それは、学校の理解であり、具体的には教員の意識改革である。部活動改革に関しては顧問を負担に思う教員の声ばかりが取り上げられるが、現場には従来の教育と一体化した高度化競技スポーツに魅せられた教員も数多くいる。しかし、ラグビー交流会の構想は、これら従来の運動部活動の在り方に大きな質的変化を要請する。教員の柔軟な思考がないと、ラグビー交流会の構想の実現は困難である。

また、従来どおりの部活動指導を期待する保護者の声も無視できない。有山ほか（２０２３）は、中学生の保護者が、教員や生徒に比べて運動部活動のあらゆる面において圧倒的に過剰な期待を寄せており、学校に大きなプレッシャーがかかる実態を報告している。部活動の在り方に質的変化をもたらすには、保護者の理解と支持が欠かせない。

しかし、地域ＳＣと運動部活動を系統的につなげようとするラグビー交流会の構想が、生涯スポーツ社会の実現に向けたモデルとして示唆に富むことは間違いない。ラグビー交流会はＯＢ会が中核となっているが、そのモデルを援用すれば、総合型ＳＣや柔・剣道場等にも十分適用できる可能性がある。カーリング女子のオリンピックメダリストである本橋麻里が、著書の中でこのように語っている。

「カーリングが人生なのではなく、人生の中にカーリングがある（本橋、２０１９）。」

生涯スポーツの理想はこの言葉に集約される。自らの人生を豊かにするための文化として、スポーツを主体的に生き方の中に位置づけること。そのための仕組みづくりにこそ地域ＳＣの使命と発展の鍵があり、ラグビー交流会の構想はその具体像の一例を示すものである。

（追手門学院大学社会学部）

【注】

（１）（社）大阪府高校ラグビー交流会の活動の詳細については、以下のホームページを参照のこと。https://oj-rugbynetwork.org/?page_id=58

（２）ラグビーにおいてスポーツマンシップや友情を高めるために行われる会で、試合後に両チームの選手・指導者や審判などが集い、軽い飲食を楽しみながら互いを称えて交流を深める。

【参考文献】


有山篤利（２０１６）「時代のパラダイムシフトとＡＫＢ48とこれからの部活動」『生活教育』８１７、52‐58頁。

有山篤利・伊藤功二・中須賀巧・森田啓之（２０２３）「保護者・生徒・教員が期待する運動部活動の役割―T市における意識調査より―」『日本部活動学会研究紀要』５、15‐26頁。

有山篤利（２０２３）「スポーツという主体的な余暇の過ごし方を学ぶ」高松平藏・有山篤利『スポーツを地域のエンジンにする作戦会議』、晃洋書房、80‐87頁。

有山篤利（２０２４）「運動部活動の二つのミッション」『年報体育社会学』５、13‐26頁。

原祐一・竹内秀一（２０２３）「生徒からみる運動部活動の地域移行―プレイ・ゲーム論を手がかりに」『体育の科学』73（４）、２３３‐２３７頁。

本橋麻里（２０１９）「0から1をつくる―地元で見つけた、世界での勝ち方―」、講談社現代新書、69‐71頁。

中西純司・行實鉄平・村田真一（２０１１）「「新しい公共」を担う総合型地域スポーツクラブの課題と展望」『福岡教育大学紀要』60、77‐92頁。

佐伯年詩雄（２００８）「脱規律化をのぞむ未完のプロジェクト」全国体育学習研究会『「楽しい体育」の豊かな可能性を拓く』、明和出版、25‐36頁。

下竹亮志（２０２３）「運動部活動の妖しい魅力を問い直す―「規律」と「自主性」の社会学的分析から」『現代スポーツ評論』48、47‐57頁。

スポーツ庁・文化庁（２０２２）「学校部活動及び新たな地域クラブ活動の在り方に関する総合的なガイドライン」https://www.mext.go.jp/sports/b_menu/sports/mcatetop04/list/1405720_00014.htm（参照日２０２４年8月30日）。

富本靖・堂本慎也・瀧澤宣頼（２０１５）「日本における総合型地域スポーツクラブの現状と課題―ヨーロッパスポーツクラブとの比較から―」『学苑昭和女子大学紀要』８９６、19‐32頁。

友添秀則（２０１１）「学校カリキュラムにおける体育領域の位置と役割」日本体育科教育学会編『体育科教育学の現在』、創文企画、11‐26頁。

和久貴洋（２０２０）「人口減少時代におけるスポーツ　日本武道学会第52回大会講演」『武道学研究』52（２）、１８５‐１９７頁。

部活動の地域移行化の課題

―名古屋市小学校部活動を民間委託された企業側の視点から―

安江あ也香・來田享子

1. はじめに

スポーツ庁は部活動の地域移行を推進する方針を打ち出し、2023年には部活動の地域移行が本格的に全国で開始された。部活動改革が進められた背景には、主として運動部活動における体罰問題や教員の長時間労働問題への対応が迫られていたことがあった(1)。

本稿では、上記の全国的な地域移行開始前の2020年から名古屋市の小学校部活動で取り組まれた地域移行の実態について、民間委託を受けた企業側の視点から述べる。

本題に入る前に、筆者と小学校部活動事業との関わりについて簡単に紹介しておきたい。筆者は大学院修士課程を修了後、全国で子ども向けスポーツ事業を展開する民間企業であるA社に就職した。当初は、専門競技指導者として愛知県内のスクール事業に携わっていた。2020年に名古屋市教育委員会(以下、市教委)がA社に小学校部活動事業を委託したことをきっかけに、これを担当する部署に異動した。2023年度に現職に就くまで、この部署で主に小学校部活動事業の実施やその担い手としての社員を事務的にサポートする業務を担当した。具体的には、①部活動指導者の面接や雇用契約のサポート、②部活動実施に必要な備品の発注や管理、③指導者の給与・交通費の管理、④問い合わせ対応（コールセンター対応）などである。時には、小学校部活動の現場に出向き、実際の活動の様子を直接見る機会もあった。小学校部活動の地域移行がどのように進められていったのか、これらの業務を担当した経験に加え、当時の新聞記事、市教委による資料（※1）等も参照しながら振り返ってみたい。また、業務に携わる中で最大の課題であると感じた指導者確保の難しさの現状を示した上で、解決に向け、若干の提案を行っておきたい。

2. 名古屋市小学校部活動の地域移行の経緯

(1)教員の働き方改革による小学校部活動廃止方針の決定

２０１８年３月、市教委は２０２１年３月をもって教員による小学校部活動を廃止する方針を打ち出した。この方針は、教員の働き方改革の一環として示された。２０１８年当時、同市の小学校部活動には児童全体の約７割（約4万人）が参加し、その指導には全体の約半数（２８００人）の教員が携わっていた（2）。市教委の２０１７年の調査によれば、小学校部活動における教員の残業時間は1ヶ月あたり約30時間に達していた（3）。この状況に対し、約7割の教員が指導に負担を感じていた（4）。報道によれば、市教委による小学校部活動の廃止方針は、この現状を受けたものであった。

全国の小学校の部活動の実施状況を調査した青柳ら（２０１８）によれば、過半数の市区町村で小学校部活動が実施されている都道府県は、青森県、千葉県、愛知県、熊本県の４県であり、政令指定都市では名古屋、京都、熊本の３市のみであった（5）。名古屋市は市内の全小学校で部活動が実施されている、全国的にも珍しい地域である。またその歴史も長く、市教委によると、小学校部活動は戦後まもなく始まったとされている（6）。名古屋市にとって半世紀以上にわたって定着してきた小学校部活動を廃止するという方針は大きな転換であり、当時の児童や保護者からは戸惑いの声が上がった。

(2) 廃止方針から民間委託への転換

多くの児童や保護者からの不安や戸惑いの声が寄せられ

たことを受け、市教委は廃止ではなく、小学校部活動に替わる活動形態を模索し始めた。当初の検討では、教員OBを中心とする指導者による活動(7)も案として示されたが、より多くの人材の発掘を図るため、指導者の人材バンクを設置することを決めた(8)。そして、その指導者を各小学校へ派遣することや部活動運営を担う業務を民間委託する方針を固め(9)、2019年9月には、名古屋市内の5校を民間委託するモデル事業が試験的に実施された(10)。この事業の成果を踏まえ、2020年9月に市内の一部地域(8区)の小学校部活動の委託を受けたのが、民間企業であるA社であった。これが同市における本格的な地域移行のスタートとなった。さらに、2021年度からは、同企業へ残りの8区を含めた市内全域の小学校部活動を民間委託し、完全な地域移行化を進めた。その後、2020年に民間委託した8区の小学校部活動の契約満了に伴い、市教委は2024年度から新たな民間委託先を募集した。これには2社の民間企業(A社とB社)が申し出た。市教委はこれまでの小学校部活動事業に対する評価や各企業の委託金額の提案を踏まえて、新たにB社へ市内8区の小学校部活動を民間委託することを決定した(11)。(*2)

3. 民間委託化によって小学校部活動の何が変わったのか

(1)種目の通年実施と参加できる種目の選択肢の拡大

市教委は、民間委託型で実施する小学校部活動を「新たな運動・文化活動」と位置づけている。大きな変更点は「より多くの種目に参加できるようになり、子どもたち一人ひとりの可能性を伸ばす機会が増えたこと」(12)である。また、活動の基本は、公平性、安全性、多様性の確保や主体性の尊重であるとされている(13)。

従来の小学校部活動では、活動時期を前期・後期に分けて実施し、児童は活動種目のうち1種目を選択し、週3回の練習に参加していた。新たな活動では、一週間のうちに最大3種目を体験できるように曜日ごとに実施する種目を変更し、年間を通して実施する形となった。(図1)

(2)「なごや部活動人材バンク」を活用した人材の確保と指導者の研修体制について

指導者は、従来の現役小学校教員が担う形態から、種目

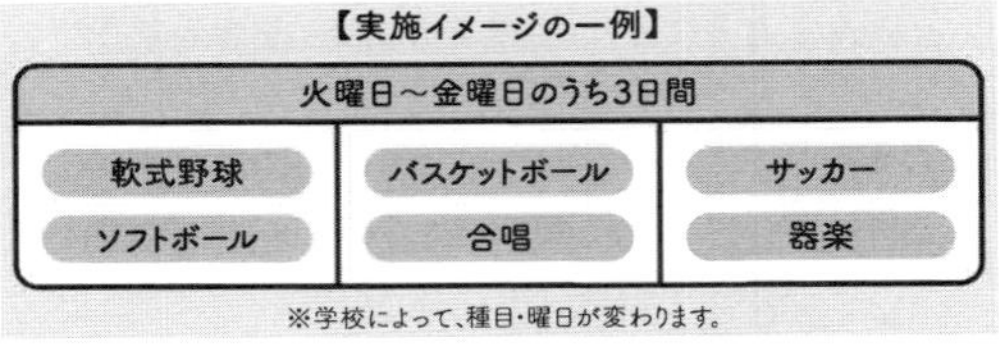

図1　民間委託による名古屋市小学校部活動のイメージ
出典：名古屋市教育委員会 HP（「小学校の部活動が変わります！～名古屋市立小学校における新たな運動・文化活動～」）より一部抜粋（https://www.city.nagoya.jp/kyoiku/cmsfiles/contents/0000129/129667/bukatu_20210831.pdfhttps://www.city.nagoya.jp/kyoiku/cmsfiles/contents/0000129/129667/bukatu_20210831.pdf）

ごとに専門指導者を設置する形へ変更することになった。そこで市教委は、小学校部活動の指導者確保のために「なごや部活動人材バンク」を活用するという方策を打ち出した。これは当時全国初の試みであった(14)。「なごや部活動人材バンク」は主に小学校部活動指導者の人材募集と、その育成（研修）を実施する役割を担っている。その流れは以下のとおりである。

ア）小学校部活動指導者の人材募集～就業するまでの主な流れ

小学校部活動の指導者になるためには、まず「なごや部活動人材バンク」に自身の情報を登録する。入力内容は住所・電話番号・生年月日などの基本情報に加え、希望するエリア（区ごと）や勤務可能曜日、役職、種目、指導実績などを入力する必要がある。登録が完了すると、現在出ている求人（小学校や種目・役職ごと）にエントリーできる仕組みになっている。登録された情報やエントリー内容をもとに、委託企業は希望者へ面接実施の案内を行い、面接を経て採用の可否を決定する。その後、採用決定者と雇用契約を締結し、指導者としての研修を進める。

イ）指導者の役職と研修について

募集種目は、小学校部活動でそれまで実施されていたものが学校ごとに設定されている。また、指導者は責務が重い順に①主任指導者、②副主任指導者、③運営補助者の3つに区別されている。主な業務内容は図2に示した。

主任指導者は、図2に記された内容に加え、種目の指導内容の決定や、活動報告の作成、参加者の出欠確認など、専門的な指導だけでなく、これまで主に教員が担ってきた教育的な役割を担っている。そのため、主任指導者として実際の現場に立つためには、最も多くの研修時間（34時間）が必要である。ただし、それに代わる指導経験や資格(※3)

を取得している者には、研修時間を4時間に短縮できる制度が設けられている。

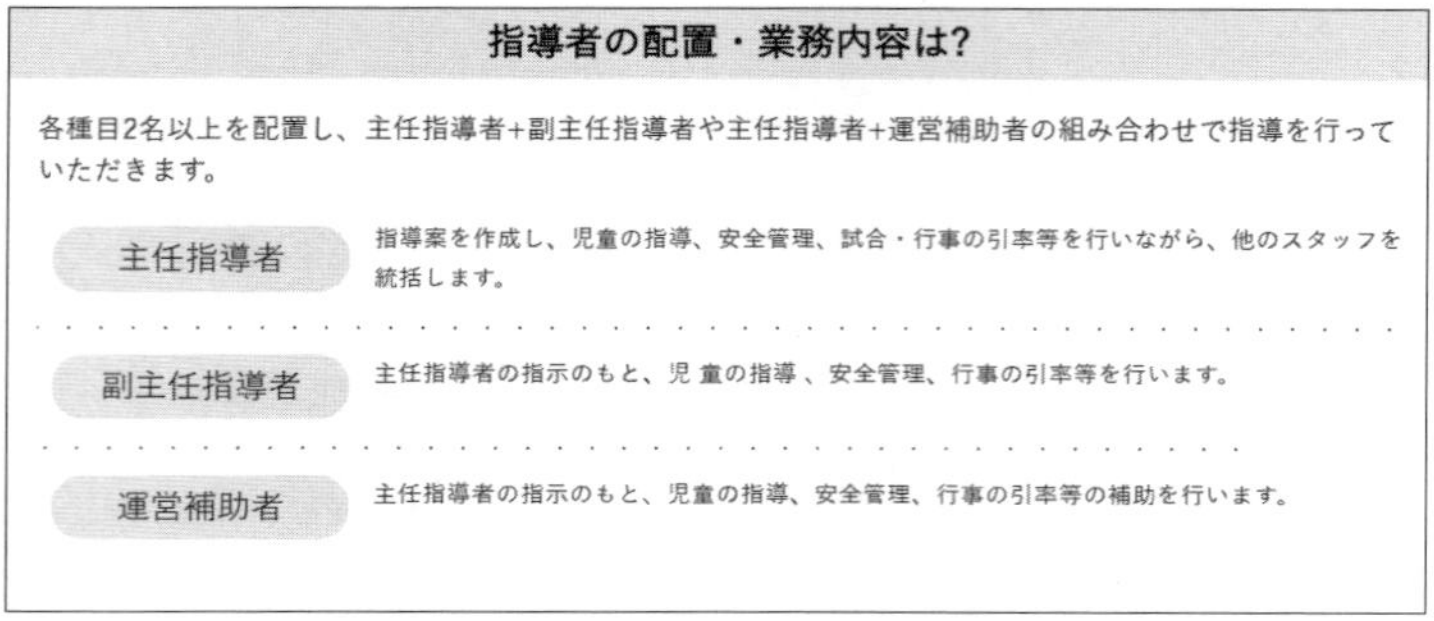
指導者の配置・業務内容は?

各種目2名以上を配置し、主任指導者+副主任指導者や主任指導者+運営補助者の組み合わせで指導を行っていただきます。

主任指導者　指導案を作成し、児童の指導、安全管理、試合・行事の引率等を行いながら、他のスタッフを統括します。

副主任指導者　主任指導者の指示のもと、児童の指導、安全管理、行事の引率等を行います。

運営補助者　主任指導者の指示のもと、児童の指導、安全管理、行事の引率等の補助を行います。

図2　名古屋市小学校部活動の指導者の役職について
出典：なごや部活動人材バンクHPより抜粋（https://jinzaibank-nagoya.jp/）

以下の表1には、指導者の役職ごとの研修内容と受講項目、研修時間について示した。

表1の研修内容にあるeラーニングは、オンデマンド型の研修である。また、オンライン講義は決められた日時に参加し、リアルタイムで講師から研修を受ける。専門研修のうち自宅学習は、指導案を作成

表1　指導者研修内容と役職ごとの研修時間について

研修一覧表	(1)基礎研修	(2)専門研修(共通)	(3)専門研修(専門)
研修内容	eラーニング①(4時間) オンライン講義(3時間)	eラーニング②(4時間) オンライン講義(3時間)	オンライン講義(8時間) 自宅学習(4時間) 指導実践(8時間)
研修必須時間	7時間	7時間	20時間
①主任指導者(34時間)	○	○	○
②副主任指導者(14時間)	○	○	×
③運営補助者(7時間)	○	×	×

※当時の指導者への研修案内をもとに筆者作成

する時間に充てられている。指導実践は唯一、講師と対面で実施される研修である。指導者自身が事前に作成した指導案をもとに、種目を指導する実践形式の研修である。現場で起こりうる状況を想定し、指導者の勤務とその役割について理解を深める。これらの研修期間中はどの役職にも一律の時給が支給されている。

(3)運営管理者（統括責任者）の配備

民間委託された企業は社員を運営管理者（担当統括責任者）として最低でも4校につき1名の割合で配置

し、各小学校の部活動に関わる指導者、児童と保護者、学校との円滑な連携を進める責任を負っている。小学校部活動が実施される曜日（火～金）とその時間帯（15～18時）には、運営管理者が担当校を巡回し、現場の様子を見ながら活動をサポートする。

それ以外の時間には、指導者への業務連絡や児童への配布物の作成、活動スケジュールの確認、保護者対応、市教委への報告書の作成、さらにはトラブル対応なども行う。各小学校それぞれの特徴や地域性があるため、活動内容は同じでも対応方法は必ずしも同じとは限らない。運営管理者は、その場に応じた対応力やマネジメント力が求められる業務である。

4．名古屋市小学校部活動の地域移行における利点

名古屋市の事例からは、どのような地域移行の利点がうかがえるだろうか。ここでは小学校の施設を利用すること、地域や児童の特色への柔軟な適応が可能であること、という2点をあげておきたい。

(1) 小学校内の施設を利用することの重要性

先述のとおり種目の選択肢を拡大したことにより、児童がそれまで興味を持つことがなかった種目に出会う機会が提供されることになった。一方で、特定の種目にのみ関心がある児童にとっては、専門的な指導を受けることが可能になった。このように質的な向上が期待できる地域移行後の活動が、小学校内の施設を活用して実施されていることは非常に重要である。通い慣れ、親しんでいる場所で実施されるため、心理的にも実質的にも児童が参加しやすい。特定の種目に関心や動機を持つ児童向けのスポーツクラブやスクールとは異なり、多様なニーズを持つ児童が同じ空間を共有するというコミュニティの特徴もある。

(2) 地域や児童の特色への柔軟な適応

民間に委託された当初は、種目はそれまで小学校で実施されたものを継続することが基本となっていた。区や小学校で特色ある種目を実施しているケースも、そのまま維持された。将棋、琴、和太鼓、ハンドボールなどは、その例である。

地域移行後は、児童の種目選択の機会が拡大したため

に、関心の高い種目への参加者数が増加した。たとえばバスケットボールでは、学年別や男女別などに区別して実施曜日を変更するなどの方法により、できるだけ平等に希望する種目に参加する機会が確保された。児童の希望にあわせて、ダンスや図工などの新たな選択肢を増やした小学校部活動もあった。このような児童のニーズにあわせた柔軟な対応ができることは、民間委託の大きな利点であるといえる。

児童のニーズが明確になった影響は、大会運営の成功事例にもみられる。その一つは、移行前に「あおなみカップ」として開催されていたサッカー大会が「あおなみフレンドリーマッチ」へと名称を変更し、継続されている事例である。この大会は、名古屋市港区・中川区を中心に、地域の法人会が主催し、市内44校のサッカー部が参加してきた。地域移行後も、民間委託を受けた企業の運営管理者と各小学校を担当する指導者が協力して運営している。また、多くの地元企業が協賛している。このように、地域移行を契機に学校・民間企業・地元企業の三者が連携する地域独自の大会へと発展したことは、他地域にとっても有益な参考例となるであろう。

5．小学校部活動の地域移行によってみえた課題

(1) 指導者確保の難しさ

ア）指導者の必要枠数

民間委託前の名古屋市の小学校部活動には、全教員の約半数（2800人）が携わっていた。しかし、前述のような種目の選択の拡大や参加人数に応じた指導体制をとるためには、以前の教員数よりも多くの指導者を確保する必要が生じた。

図3に市教委のデータに基づき、2020～23年までの役職ごとの必要指導者数とその配置率を示した。

2020年時点では民間委託を行ったのは8区の小学校であったため、必要な指導者数は少なかった。各種目の指導者は、主任指導者に加え副主任指導者または運営補助者の合計2名以上を配置することが定められている。したがって、主任指導者は各小学校の種目ごとに1名が必要となるため、必要となる人数は2021年以降、大きな変化はない。一方で、副主任指導者と運営補助者については、各年度にそれぞれの種目に参加する児童数によって変動する

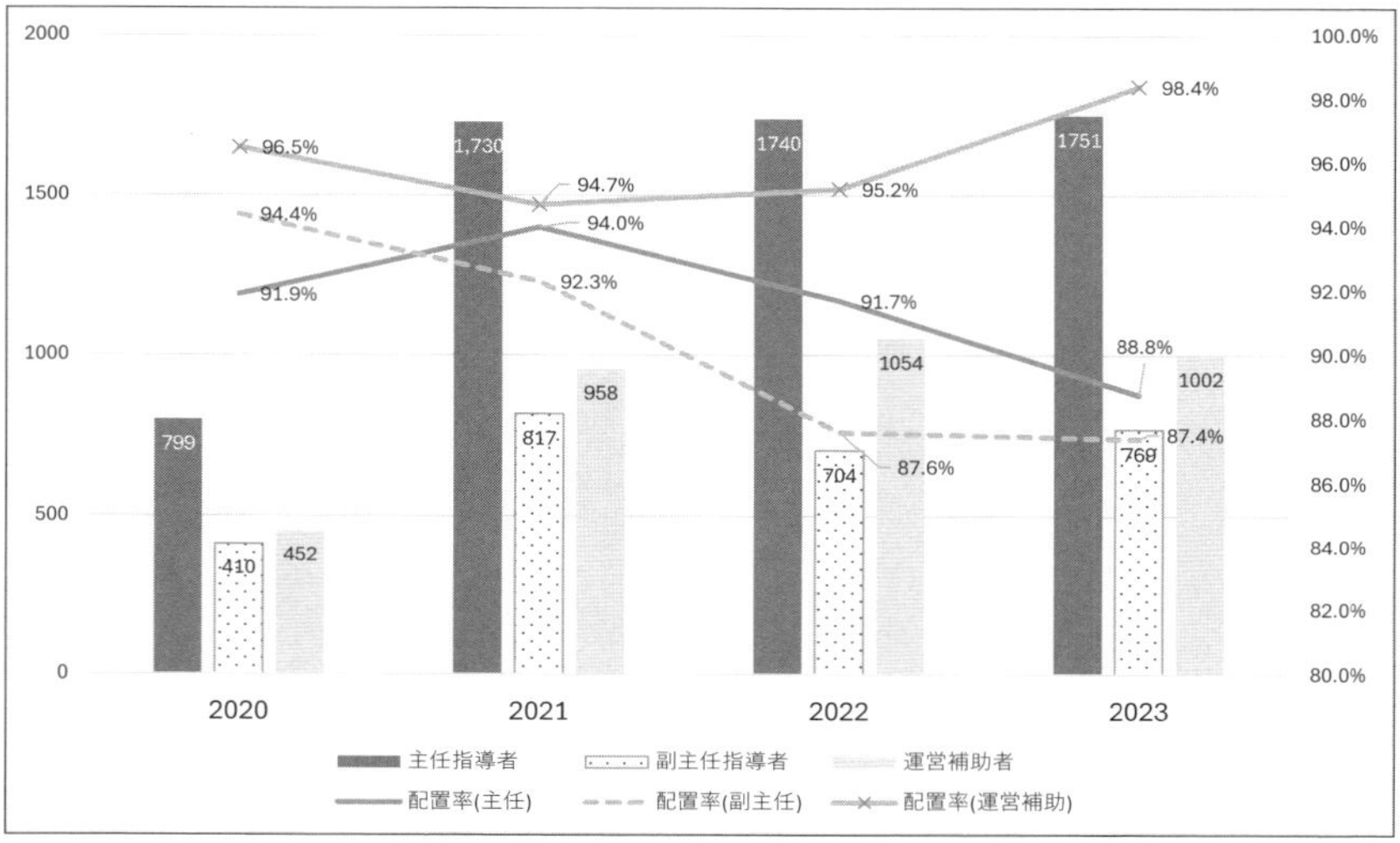

図3　名古屋市小学校部活動の必要指導者数と配置率の推移

出典：市教委からの提供資料（「新たな運動・文化活動　児童数・指導者数」）をもとに筆者作成

ため、必要な人数もその影響を受けて変動することになる。(※4)

イ）指導者の配置率

配置率でみると、主任および副主任指導者は減少傾向にある。特に副主任指導者の減少が目立ち、これを運営補助者の増加によって補っている現状がうかがえる。運営補助者は主任指導者の指示のもとで児童のサポートを行うことが主な業務であり、他の役職に比べて採用条件が厳しくなく、また担当する種目の経験がなくても勤務することができる。研修時間も他の役職に比して少ないため、希望者が多く、安定的な確保が容易である。主任や副主任指導者は、指導経験や教育歴がなければ着任できず、多くの研修を受ける必要がある。一方で、勤務時間は短く、経済的な利益を十分には得られない役職であるために、今後も担い手不足が常態化することが懸念される。

(2)指導者確保における課題

図3のデータを基に2023年の全指導者数の平均配置率を計算すると約91%となる。運営管理者1名あたりにつき、毎週、何名の指導者が不足するかに換算すれば、約4

名の指導者不足が生じていることになる[※5]。一見するとさほど多くはないと感じるかもしれない。しかし、名古屋市内の約75％の小学校（約２００校）で小学校部活動がほぼ同時刻に実施されていることから、各曜日に約72名の指導者が不足していることになり、容易に補填できる人数ではないことがわかる。現状では、これを補うために、運営管理者が担当外の区との調整を図りつつ、本来は他の小学校を担当するはずの指導者に依頼をするという方策がとられている。この業務は、統括責任者である運営管理者の多大な負担になっており、喫緊に解決することが望まれる課題である。

これを裏づけるように、ごく最近、指導者不足を実感させる報道がなされた。２０２４年度から新たに８区（１３３校）を担当することになったB社において、指導者の確保が予定通りに進まず、現場に指導者が来ないとの苦情が市教委に相次いだことが報じられたのである。市教委はこの状況に対応するため、今秋10月から8区のうち6区（１１８校）を再度A社に委託することを決定した[15]。委託を受けた企業の指導者確保のためのマネジメント力が問われる事態となっている。

表2に名古屋市における指導者の職業別割合を示した。このデータによれば、30％以上を学生が担っており、続いてシニア（退職者）や主婦が主な担い手であることがわかる。少子化の中で学生数が減少することが見込まれるとともに、シニアや主婦は家庭の事情等で指導を継続できない場合も生じ得ることから、指導者確保の持続可能性については中長期的な視点で戦略を立てる必要があると考えられる。

指導者不足は、部活動の地域移行を託された民間事業者に共通する重要課題である。これは、名古屋市内だけでなく、全国で懸念される課題で

表２　指導者数とその職業別割合

年度	区分	学生	主婦	会社員	シニア	フリーター	自営業	非常勤講師
2021	人数	596	283	138	246	157	105	38
	割合	38.1%	18.1%	8.8%	15.7%	10.0%	6.7%	2.4%
2022	人数	551	343	215	306	82	106	60
	割合	33.1%	20.6%	12.9%	18.4%	4.9%	6.4%	3.6%
2023	人数	543	310	222	296	120	101	63
	割合	32.8%	18.7%	13.4%	17.9%	7.3%	6.1%	3.8%

出典：市教委からの提供資料（「新たな運動・文化活動　児童数・指導者数」）をもとに筆者作成

あろう。さらに懸念されるのは、指導者数を満たすために経験が少なく、研修も十分ではない人材を多用すれば、安全・安心な部活動環境を保障することが難しく、活動の質も低下する可能性である。２０２３年度から25年度までの3年間は中学校の運動部活動の「改革推進期間」とされ、中学校段階での地域移行が進められつつある。中学校の運動部活動は小学校よりもはるかに規模が大きいことから、同一地域での委託が複数の民間事業者に行われることも想定される。民間事業者側がいかにマネジメント力を備えるかが重要な課題になると共に、政府や自治体が地域の部活動の質や環境に格差が生じないための方策をとり、民間事業者の育成を支援する視点を持ちながら、地域移行を進める必要がある。

6. 指導者確保に向けた提案

以上みてきたとおり、筆者の現場における経験にもとづけば、部活動の地域移行における喫緊かつ重大な課題は、指導者の確保である。これを解決するための若干の提案として、（1）専門種目の指導者育成と兼務率の向上、（2）企業や競技団体との連携強化（3）学生指導者に利する制度の設置、（4）指導者の評価制度の確立と経済的安定性の確保、（5）部活動の質の担保のための研修制度の確立、の5点について述べておきたい。

(1) 専門種目の指導者育成と兼務率の向上

運営補助者に占める割合が大きい学生は、自身の専門種目の経験はあっても、指導経験が十分ではない場合が多い。しかし、部活動の現場では、主任指導者等の力を借りることにより、指導経験を重ね、種目の指導スキルや教育的指導力を向上させることが可能である。また、種目経験の有無は、運営補助者以上の役職においては、勤務できる場所や曜日を左右する。そのため、複数の種目を指導できる指導者を育成することは、適材適所に指導者を配置するための選択肢を増やすことにつながる。すなわち、指導者の兼務率を高めることは、指導者確保のための調整業務を円滑に進める鍵になるといえる。

現状で指導者確保が難しいからといって、場当たり的に運営補助者を置くのではなく、運営補助者に成長の機会を提供し、追加研修を受ける機会を設けるなど、人材育成制度を確立することが理想的だと考えられる。こうした制度があることは、指導者のモチベーションを維持することにもつながるだろう。

(2) 企業や競技団体との連携強化

近年は、副業制度を積極的に推進する企業が見られる。こうした企業にアプローチすることにより、経済的な不安なく指導者として自己実現を図る人材を得られる可能性がある。また、競技団体の中には、資格を有しているが活動の機会を得ることができていない指導者も存在する。競技団体に協力を要請したことにより、指導者を得られた事例は実際に筆者も経験した。このような企業や競技団体との連携強化の橋渡しを国や自治体の協力を得ながら進めることは、有効な手立てになるのではないだろうか。

(3) 学生指導者に利する制度の設置

名古屋市では、現在、市教委が小学校部活動の指導経験者に対し教員採用試験の「総合教養」の成績を加点する特例制度を設けている。しかしこの制度は、名古屋市の教員採用試験受験者に限定したものであり、ごく一部の学生に利する施策に留まっている。複数の自治体が協力して特例制度を設けることにより、教員をめざす学生にとっての魅力が増すとともに、実践力のある教員を採用することが可能になる。スポーツ系学部を有する大学がある地域では、大学のカリキュラムに地域移行後の部活動指導を授業に組み込む例も見られるようになっている。たとえば福岡県では、大学と連携し、学生を指導者として養成する取り組みが行われている(16)。また、競技団体が一定期間の部活動での指導経験を当該競技団体の認定資格とすることも可能かもしれない。

(4) 指導者の評価制度の確立と経済的安定性の確保

名古屋市の場合、現在の指導者の賃金は、役職によって1000〜2000円の範囲で設定されている。主任指導者の運動部活動の賃金は文化活動よりも低く設定されている(※6)が、スポーツの指導者の専門性を社会的に認め、魅力ある地域貢献であると受け止められるようにするためには、こうした格差を見直すことが求められる。また、指導者が長期にわたり勤務を継続するためには、指導内容に対する評価基準を設け、基準を満たした指導者の賃金を段階的に上げるなどの制度も検討する必要があるのではないだろうか。特に主任指導者はこれまで教員が担ってきた役割を果たす役職であることから、その責務に見合った待遇が望まれる。指導者のモチベーションを維持し、継続的に指導に取り組むための体制整備は、中長期的な指導者確保の戦略として重要だと考えられる。

(5)部活動の質の担保のための研修制度の確立

名古屋市の場合、採用され、研修を受けた指導者が次年度も勤務を継続する場合、年1回の定期研修の受講が課せられている。この定期研修は、知識の確認とアップデートを目的としているが、現場で児童の指導に直面した際に研修の内容を即時的に実践することは容易ではない。背景には、指導者自身の競技経験や過去の指導経験が根強く身についていることがある。社会の変化や児童の多様性に柔軟に対応することができず、独善的な指導を行うケースも見受けられる。こうしたケースでは、運営管理者は、活動中の巡回や指導者への指導内容のフィードバック、アドバイスの中で、良好な関係性を保ちながら、指導者と根気強く向き合う必要に迫られる。したがって、運営管理者自身にも多くのスキルや対応力が求められるため、定期的な研修制度の導入は、運営管理者に対しても不可欠であると考えられる。

7．おわりに

民間委託によって小学校部活動の地域移行を進めている名古屋市の現状をみる限り、教員の業務負担の軽減だけでなく、児童の多様なニーズに応える部活動の在り方をめざすという観点では、一定の効果がもたらされている。一方で、小学校教員が担うことで不可視化されてきた課題が民間委託によって可視化されていることも事実である。

教員に代わって部活動運営を担った運営管理者の業務は、想像以上に多岐に渡り、そこでの働き方に戸惑いや不安を感じた社員も少なくなかった。国や自治体による地域移行の計画のスピードに、実際の現場では人材の確保や育成が追いついていないのではないか、というのが率直な感触である。部活動の地域移行化を新たなビジネスチャンスととらえ、参入する企業も少なくない可能性がある。しかし、教育現場で進められてきたからこそ、安心で安全な環境が一定程度担保されてきた部活動を維持するためには、現場の指導者だけでなく、部活動を事業として運営するスキルを持った人材を育成することが不可欠である。この要請に応えるためには、大学に教員を養成する課程が設けられているように、実務に必要な多方面の知識を学び、実習や研修を経てはじめて着任することができる「部活動コーディネーター」のような新たな資格が必要かもしれない。

　部活動の地域移行化は、単に部活動業務の担い手が変わるという変化ではない。日本の学校教育の中で根付き、スポーツ文化の基盤を形成してきた「部活動という文化」そのものに影響を与える変化である。それゆえに、多くの困難や課題が生じることは避けがたい。多くの児童が部活動に懸命に活発に取り組む姿、保護者や指導者が抱く部活動の持つ可能性への期待を目の当たりにすると思わずにはいられないことがある。それは、学校の部活動が教師による児童・生徒への愛情、スポーツへの愛情によって、無償で支えられてきたことにより破綻したのと同様の悪循環を引き起こしてはならない、ということである。社会が変化を受け入れるには、相当な時間と忍耐を要することになるだろう。国や自治体がこの変化に直面する人々や組織に対し、長期的に予算を確保し、多様な方策を提供することができるかが、今後を大きく左右するのではないだろうか。

（中京大学）

【注】

（※1）２０２４年６月に名古屋市教育委員会宛てに行政文書公開請求を申請して得た資料を用いている。請求した資料は、令和２年９月１日～令和６年３月31日の名古屋市内の小学校における新たな運動・文化活動の活動詳細（委託業者より報告されている毎月・毎年の報告書）である。

（※2）市教委は小学校部活動の地域移行の運営費用として、２０２０年度に５億４３１４万円、２０２１年度に12億４８５２万円、２０２２年度は14億３８４６万円、２０２３年度は14億３５０４万円を市の予算として計上している。このうち業務委託費は、２０２０年度が３億８０８７万円、２０２１年度が約10億58万円、２０２２年度が12億４２６６万円、２０２３年度が12億５１８７万円である。

（※3）有効な指導者資格や経験を有すると認められていた一例としては、教員免許、生涯学習音楽指導員Ｃ級、日本スポーツ協会の発行する公認スポーツ指導者コーチⅠ、前記３つの資格に準ずると運営事業者及び名古屋市が判断する資格を有する者、指導科目の３年以上の指導経験であった。

（※4）当時の配置ルールでは、参加児童が30名以下の場合は主任指導者１名＋運営補助者１名、31名～60名の場合は、主任指導者１名＋副主任指導者１名、61名～90名の場合は、主任指導者１名＋副主任指導者２名、参加児童数が91名以上の場合30名につき副主任指導者1名追加であった。

（※5）統括1名あたり、1日2種目が3校で実施されるため、1週間当たりの必要指導者数は、2種目×3校×2名（種目ごとの指導者）×4日（実施日数）＝48名と計算した。

（※6）運動系の部活動の時給は、主任指導者が１５００円なのに対し、それ以外の部活動（音楽系）は、主任指導者が２０００円である。

【引用参考文献】

（1）中澤篤史（２０２３）「〈部活〉の地域移行を考えるために」、『現代スポーツ評論48』、８‐17頁。

（2）中日新聞「名古屋市、小学校部活動廃止 教員負担減21年３月末で」、夕刊（２０１８年３月５日）、１頁。

（3）朝日新聞「外部指導者、人材バンク案 名古屋市立小の部活、20年度に全廃」、朝刊（２０１８年３月６日）、34頁。

（4）中日新聞「小学校の部活民間委託拡大」、朝刊（２０２０年１月28日）、１頁。

（5）青柳健隆・鈴木郁弥・荒井弘和・岡浩一郎（２０１８）「小学校における運動部活動の分布：市区町村別実施状況マップの作成」、『スポーツ産業学研究』28（３）、２６５‐２７３頁。

（6）２に同じ。

（7）中日新聞「名古屋市小学校部活廃止へ 教員ＯＢ招き代替活動案」、朝刊（２０１８年３月６日）、１頁。

（8）３に同じ。

（9）朝日新聞「部活の民間委託拡大へ 名古屋市立小、20年度１３０校に【名古屋】」、朝刊（２０２０年１月28日）、28頁。

（10）中日新聞「名古屋の小学校部活 民間指導 モデル５校で９月から」、朝刊（２０１９年５月18日）、16頁。

（11）中日新聞「小学校部活動の委託先変更 市内８区で４月から 現場に不安も 業者側「無理ない引き継ぎを」」、朝刊（２０２４年１月20日）、18頁。

（12）名古屋市教育委員会ＨＰより、https://www.city.nagoya.jp/kyoiku/page/0000129667.html（最終閲覧日２０２４年９月13日）。

（13）12に同じ。

（14）朝日新聞「変わる小学校の部活動 名古屋市、民間委託 豊橋市は廃止し新たな「受け皿」／愛知県」、朝刊（２０２０年６月25日）、19頁。

（15）中日新聞「名古屋市内６区で10月から部活事業者変更　苦情相次ぎ…来年３月まで契約、以後は再公募」、２０２４年８月７日 05時10分配信、https://www.chunichi.co.jp/article/939883

（16）NHK NEWS WEB（２０２４年８月30日）「中学校部活動の地域移行 福岡県 県内２大学と連携 指導者養成へ」、https://www3.nhk.or.jp/news/html/20240830/k10014565321000.html

時評

戦争と同時並行で開催された平和の祭典
―パリ五輪が問いかけるもの―

坂上康博

100年ぶりにパリで開催された第33回オリンピックは、ロシアによるウクライナ侵略戦争やイスラエルとイスラム組織ハマスの戦闘など、大規模な武力紛争が終結しないまま開幕を迎え、開催期間中も、国連の五輪休戦決議を無視した激しい戦闘が繰り広げられた。コロナ禍での開催であった東京大会に対し、戦禍での開催である。

なかでもロシア・ウクライナ戦争は、大国が自国の領土拡大と他国の従属化を同時に求める第二次世界大戦以降初の国家間武力紛争であり、その勃発は第二次大戦の引き金となったナチス・ドイツによるポーランド侵攻を彷彿とさせるなど、強い危機感を人々にもたらした。

戦争の終結、平和回復に対する人々の願いは切実であり、もし、それがパリ五輪開催前に実現していたならば、ヨーロッパをはじめ世界中の人々が歓喜する中で、平和の価値をしみじみと感じることができただろう。また、安心感に包まれながら選手たちを応援し、「平和の祭典」の感動を共有し、未来への希望を語ることもできただろう。しかし、そうした願いは叶わなかった。

IOCはロシア・ウクライナ戦争にどう対応したのか

国際オリンピック委員会（IOC）も、事態をただ静観していたわけではない。2022年2月24日、ロシアによるウクライナへの軍事侵略が始まった数時間後、IOCは「ロシア政府による五輪休戦違反を強く非難する」との声明を発表した。

五輪休戦決議とは、IOCと国連の連携によって、1993年以降、オリンピックの前年の国連総会で、全加盟国の事前合意によって採択されてきたもので、題名は「スポーツとオリンピックの理想を通じて平和でより良い世界を築く」。その内容は、五輪開幕1週間前からパラリンピック閉幕1週間後までを期間と定め、平和的な手段によって紛争が解決されるようあらゆる努力を払うというものである（ただし国連の安保理決議のような法的拘束力はない)。

ロシアのウクライナ侵略は、冬季北京五輪が閉幕し、同パラリンピック大会が開幕する直前、まさに五輪休戦期間中になされたものだった。休戦決議を土足で踏みにじるロシアに対する非難声明に続けて、IOC理事会は、ロシアとそれを支援したベラルーシ両国でのスポーツイベントの開催を禁止し、さらに「国際的なスポーツ競技大会本来のあり方(integrity)を守り、すべての参加者の安全を確保するため」に両国選手および役員を国際競技大会から排除すること、それが不可能な場合は、国旗、国歌の使用を禁じ、中立の選手ないしチームとして扱うよう各国際競技連盟(IF)および大会主催者に勧告した。また、「ロシア政府の極めて重大な五輪休戦決議違反および五輪憲章違反」を根拠にして、プーチン大統領らへ授与した五輪オーダー(功労章)を剝奪した。

IOCの勧告に対して、国際サッカー連盟や世界陸上連盟などのIFも即座に反応し、ロシアとベラルーシの選手および役員を大会から排除し、また、国際パラリンピック委員会も、北京冬季パラリンピックの開会式前日に両国選手を排除することを決定した。

オリンピックは、五輪憲章に明記されているように「人間の尊厳に重きを置く平和な社会」の実現を目的としたムーブメントである。市民的な非政府組織であるIOCは、その運動の主体として、前例のない制裁を当事国政府に科すなど、積極的な対応をくり広げ、それにIFなどが呼応し、世界のスポーツ界が結束してウクライナ侵略を阻止するための積極的な行動に打って出たのだ。

IOCは、それから約一年後の2023年3月、ロシアとベラルーシの国家と政府に対する制裁は維持しつつも、両国選手を大会から排除するという制裁措置を撤回した。軍や国家安全保障機関の所属ではなく、戦争を積極的に支援していないという条件付きで、両国選手の「中立な個人資格の選手」としての参加を認めたのだ(国を代表する団体競技は適用外)。

IOCのこの方針転換に対して、ウクライナをはじめとするヨーロッパ諸国の政府、国内オリンピック委員会(NOC)やIFなどからも批判が続出したが、結局IOCはこの方針にもとづいて、同年12月にロシアとベラルーシの選手のパリ五輪への参加を認めた。ただし、各競技の参加資格の決定は各IFに委ねられており、実際にはIFとIOCの二重の参加資格条件をクリアすることが必要で、その結果、「中立な個人資格の選手」として承認されたのは、ロシア36人、ベラルーシ23人、実際にパリ五輪に参加した選手は、ロシア15人、ベラルーシ17人にとどまった。

また、ＩＯＣは、２０２３年10月にロシアのＮＯＣに対し、ウクライナ東部4州の競技団体を編入したことをウクライナのＮＯＣの領土保全を侵害するものであるとし、五輪憲章違反として資格停止処分を科した。

以上のようなＩＯＣの対応は、そのほとんどが前例のないものであり、今後のオリンピック・ムーブメントの礎石となるにちがいにない。しかし、同時にそれらをめぐる議論は、戦争や紛争によって引き裂かれた世界の赤裸々な現実、ＩＯＣの対応のもつ矛盾や限界なども顕わにした。それらのうちから、私にとって衝撃的だった事実や議論をいくつかピックアップしてみたい。

武力紛争まみれの世界

ロシアとベラルーシに対する制裁に関しては、ＩＯＣが２０２３年10月にまとめた「ロシアまたはベラルーシのパスポートを持つ選手の国際大会参加に関するＱ＆Ａ」（以下、Ｑ＆Ａ）が詳しいが、それを読んで私がまず驚かされたのは、世界の武力紛争は、ロシア・ウクライナ戦争以外で計70にのぼる、というＩＯＣの指摘だった。

これはＩＯＣが方針を転換し、ロシアとベラルーシの選手の参加を承認したことに対するヨーロッパの諸国からの批判に対する反論に他ならない。これらの政府は、ロシア・ウクライナ戦争しか見ておらず、「世界の他の70もの戦争や紛争、危機に関与している国々の選手」が大会に参加しているという事実を無視している（Ｑ＆Ａ：４）、とＩＯＣはいうのだ。

恥ずかしながら私は、この時までそれほど多くの武力紛争が世界で勃発しているということを知らなかった。調べてみたところ、たとえばスウェーデンのウプサラ大学の紛争データプログラム（ＵＣＤＰ）は、ロシア・ウクライナ戦争が勃発した２０２２年の国家間の武力紛争は55件、そのうち8件は戦争のレベルに達し、22件は紛争当事国の一方または双方が外国から軍事支援を受けたものであり、全体の死亡者数は23万７０００人にのぼるとしている。

一方、赤十字国際委員会は１００件以上という数値をあげている（https://jp.icrc.org/activity/humanitarian-crises-world-cant-ignore-2023/）。おそらく紛争の規模や深刻さの基準がＵＣＤＰのものより低いのだろう。ロシア・ウクライナ戦争以外で70というＩＯＣがあげた件数は、両者の中間ということになる。これらを193という国連加盟国数と突き合わせてみると、いかに世界中が武力紛争でまみれているかが明らかであろう。

さらにIOCのバッハ会長は、2023年12月、IOCがロシアとベラルーシの選手のパリ五輪への参加を「中立な個人資格」で認めたその翌週に、ロシア・ウクライナ戦争は「この世界で起こっている28の戦争や紛争のうちの一つであり、ほかの（当事国の）すべてのアスリートは互いに平和的に競い合っている」と語った（BBC News Japan, 14 December 2023）。バッハ会長がここであげた28という数値は、計71の武力紛争の中で、敵対関係にある紛争当事国の数と考えられる。その選手たちが、国際大会に集い、「平和的」に競技を繰り広げていることを強調したのだ。

世界中の武力紛争と同時並行で開催されている国際競技大会のリアルな姿に私は愕然とした。では五輪大会はどうなのか。

国連の五輪休戦決議の実効性

五輪とパラリンピックの前後一週間は、紛争の解決に向けた努力を払うと定めた国連の五輪休戦決議は、先にも述べたように全加盟国の事前合意によって採択されてきた。したがって、国連決議が忠実に守られているならば、五輪休戦期間中に世界中の紛争がすべて休止されるはずである。実際はどうだったのか。

表の「武力紛争の継続数」は、UCDPを使った研究（Pandey, 2023）からの抜粋である。五輪休戦決議が始まった1994年から2022年までで計14回決議がなされているが、紛争がすべて休止されたことは一度もない。件数が最も少ない1998年でも18の紛争が継続し、2014年以降には30を超えている。

五輪もまた武力紛争と同時並行で開催されてきたのであり、パリ五輪はその最新の事例ということなのだ。

ところで、国連決議には事前合意の他に、決議案の共同提案国となることで支持を表明することができる。その推移をIOCの資料（https://olympics.com/ioc/olympic-truce/resolutions）から抜粋したのが、表の「共同提案国数」である。2022年までの計15回の決議は、1994年と2014年が6割、それ以外は8割を超える加盟国が共同提案国となっている。全体として圧倒的な支持を得ていることがわかるが、それでも紛争は休止していない。また、共同提案国の増加が紛争の減少をもたらすという相関もみられない。たとえば、2004年には共同提案国となっていたアメリカが休戦期間中もイラク戦争を継続し、ロシアにいたっては、２００８年、２０１４年、２０２２年のまさに休戦期間中にグルジア（現ジョージア）との軍事衝突、クリミア半島の併合、そしてウクライナへの侵略を行なった。残念ながら、共同提案国となることは休戦への決意の強さを示すものではなく、戦争のカムフラージュになっている場合さえあるのだ。

表　五輪休戦決議の共同提案国数と武力紛争の継続数

開催年	開催都市	共同提案国数	武力紛争の継続数
1994	リレハンメル	116	28
96	アトランタ	161	26
98	長野	177	18
2000	シドニー	179	23
02	ソルトレークシティー	172	19
04	アテネ	190	24
06	トリノ	190	24
08	北京	183	29
10	バンクーバー	154	20
12	ロンドン	193	21
14	ソチ	121	30
16	リオデジャネイロ	180	39
18	平昌	157	37
21	東京	186	37
22	北京	173	
24	パリ	77	

（注）2022、24 年の武力紛争の継続数は未集計。

休戦決議違反を放置してきたＩＯＣ

さらに私を驚かせたのは、ＩＯＣ自身がこうした休戦決議違反を放置しつづけてきたことだった。２００８年の北京五輪の開会式でロシアとグルジアの軍事衝突が始まった際、五輪休戦決議をもとに両国に休戦を求めたのは、ＩＯＣではなく、北京五輪組織委員会だった（石坂、２０１８：１８４頁）。さらに２０１４年のロシアによるクリミア半島の併合は、大会開催国自らが他国を侵略するという行為であったにもかかわらず、ＩＯＣは批判声明さえ出さなかった。２０２２年のロシアによる三度目の休戦決議違反に対して、ＩＯＣはついに重い腰を上げ、はじめて批判し制裁を加えたということであり、これが唯一例外的なケースなのだ。

休戦決議違反を犯しているのはロシアだけではない。その実態は先にみたとおりであり、ＩＯＣは敵対関係にある紛争国同士が「平和的」に競技していることを称賛するだけで、それらの国々の休戦決議違反を黙認しつづけてきたのだ。ちなみに五輪憲章には、五輪休戦決議の順守を促す規定も、違反した場合の措置も定められていない。

私見を述べておこう。国連決議は各国政府による合意であり、ＩＯＣの管轄外だが、IOCが決議違反を犯した政府を批判することは可能である。さらに当該国のNOCによる政府の監視や紛争休止の働きかけなどを義務化することも、五輪憲章を改正すれば可能である。たとえば、2020年3月にIOCに提出された独立レポート「IOC人権戦略のための提言」は、「IOCには、その影響力を利用して、大会期間中に現れる差別だけでなく、スポーツへの参加に影響を与える差別の根本原因を防ぎ、対処する必要性について各国のパートナーに働きかける責任がある」と明確に指摘している。この「差別」を「戦争や紛争」に置き換え、その具体化のために五輪憲章を改正すべきであるというのが私の考えだ。

IOCは、五輪憲章を改正して法的な規定を整備し、休戦決議違反だけではなく、70以上にのぼる世界の武力紛争ひとつひとつに対峙し、紛争の防止と解決に向けた日常的なアクションを起こすべきである。

2023年11月に採決されたパリ五輪の休戦決議の審議の経緯をみて、私はその感を強くした。パリ五輪は、ロシアとベラルーシ両国政府への制裁が解除されぬまま開催されたが、それが休戦決議違反を抑止するようなプラスの効果をもたらしただろうか。そのような効果を示すものは今のところ見当たらず、むしろマイナス効果の方が目につく。

たとえば、先の表に示されているように、パリ五輪の休戦決議の共同提案国は、史上最低の77にまで激減した。これは、共同提案国となれば決議違反の制裁を受ける可能性が高まる、との判断が紛争当事国側に働いたためではないだろうか。また、ロシアの要請により全加盟国による事前合意がなされず、初の投票による採決となり、賛成118票、棄権2票、反対0票で可決された。圧倒的多数での可決ではあるが、賛成国118というのは加盟国の6割にすぎない。また、棄権した二カ国は、深刻な紛争当事国であるロシアとシリアであり、これによってIOCは、両国を五輪休戦決議違反で批判することも制裁を科すこともできなくなった。

ウクライナvs．IOC

以上のような状況は、パリ五輪を前にして休戦決議の紛争抑止力がいかに低下し、有名無実化したか、つまりIOCがめざすスポーツというソフトパワーによる平和外交の無力さを示している。それがいかなる問題を生み出しているのかを鋭く指摘したのが、ローザンヌ大学のパトリック・クラストルだ。「中立の御旗を掲げながらウクライナは不参加、ロシアとベラルーシは参加というパリ五輪を想像できますか」。この衝撃的な問いかけは、swissinfo.ch の２０２３年7月26日配信記事（江藤真理訳）に掲載されたものだが、ウクライナが不参加、ロシアとベラルーシは参加という不条理きわまりないことが起きる可能性がパリ五輪の開幕直前まで存在したのだ。

２０２３年3月にＩＯＣが、ロシアとベラルーシの選手を大会から排除するという方針を撤回したことに対して、欧州諸国の政府やＮＯＣなどから批判が続出したことは先にもふれた。こうした中でウクライナのＮＯＣは、ＩＯＣの方針転換を阻止するため、両国選手の国際大会への復帰を認めるならば、パリ五輪をボイコットするとの見解を表明し、これに対してＩＯＣは、ボイコットという「脅し」を取り下げるよう求めるとともに、それが五輪に「選手を送ることを義務づけた五輪憲章の違反に当たる」と警告を発した。

１９９９年以降、五輪夏季大会への参加がＮＯＣの義務となり、五輪憲章で明文化されるようになったが、この条文のねらいはそれまで繰り返されてきた政治的ボイコットの阻止にある。それをウクライナのＮＯＣにも適用するというのだ。ウクライナのボイコットが、ロシアによる爆撃が続き、五輪選手を含む多くの人々の命が奪われていく中で、アスリートたちの意志を結集し、戦争に立ち向かう「最終手段」として提起されたものだったとしても、つまりモスクワ五輪ボイコットなどとは真逆のスポーツ界が政治に抗うための手段であったとしても、五輪憲章違反として制裁を科すというのである。

ＩＯＣの主張はこうだ。ウクライナは、ロシアまたはベラルーシ国籍の者をすべて戦争支援者とみなし、五輪大会からの両国選手の一律排除を求めているが、これは選手を自国政府の行為の犠牲者にするものであり、アスリートの権利擁護に反する。また、それは平和、団結、連帯、無差別を中核的な価値観とし、五輪大会を敵対する国々の選手にも対話や団結の機会を与え、平和的な競争の中で世界をひとつにする機会とするというＩＯＣの使命とオリンピック憲章に反する（Ｑ＆Ａ：５～６）。戦争支援者でない選手については参加を認め、他の紛争当事国選手たちのように、敵対関係にある国同士であっても平和的に競技すべきである、とＩＯＣはいうのだ。

こうしたＩＯＣの主張を象徴するシーンが、２００８年の北京五輪で登場した。軍事衝突下にあったロシアの選手とグルジアの選手が、女子エアピストル競技で二位、三位となり、この二人がメダル授与後に抱擁したのだ。IOCのロゼ会長（当時）も、閉会式のスピーチでこの行動にふれ、「紛争状態にある国々の選手同士の抱擁にオリンピック精神は生きている」と絶賛した（石坂、2018：192頁）。パリ五輪でも、こうしたシーンが登場することをIOCは期待していたのだろう。

その後もIOCは、パリ五輪からのロシアとベラルーシの選手の一律排除というウクライナ側の要求を退け、「中立な個人資格」での両国選手の参加を認め、一方ウクライナも最終的にパリ五輪に参加した。一見両者の合意が成立したかのようにみえる。しかし、ウクライナ側の参加は、IOCが理想とする、パリ五輪でウクライナの選手がロシアまたはベラルーシの選手と抱擁するといったシーンが生まれることを断固拒否した上でのものだった。2024年5月、ウクライナのNOCが、自国選手に対して、表彰式で距離を置く対策など競技以外の会場内外でのロシアとベラルーシの選手との接触禁止を勧告したからだ。

これはウクライナが、五輪憲章違反とされない範囲で自らの意思を貫くためにとった措置だと思われるが、このような行為は、選手たちによる対話が平和構築の第一歩になるという五輪大会の意義を真っ向から否定するものに他ならない。

五輪は戦争や紛争を止めることができないが、誰もが同じルールと互いを尊重するという世界の模範を示すこと、人々の相互理解を深める架け橋となり、排除や分裂ではない方法で、対話と平和構築への扉を開くことができる（Q&A：15）――これがIOCの主張する平和、国家間の対話や包摂性の象徴としての五輪の意義である。バッハ会長も、パリ五輪閉会式のスピーチの中でこの点を改めて強調した。

では、ロシアとベラルーシの選手との対話を拒否した今回のウクライナの選手の行為は、象徴としての五輪の意義を踏みにじるものとして非難されるべきものなのか。

世界陸連が示した新たな方向性

ウクライナとIOCの対立は、オリンピック・ムーブメントが抱えている矛盾や葛藤を示しており、五輪大会が国家間の対話や包摂性の象徴にとどまっていることの是非を問うものとなっている。

この問題を考えていくうえでひとつの手がかりとなるのは、ロシア・ウクライナ戦争に対する世界陸上競技連盟の対応ではないだろうか。世界陸連はIOCとは異なり、ロシアとベラルーシの選手を国際大会から排除するという方針を撤回せず、パリ五輪でもそれを貫いた。２０２３年3月、世界陸連のセバスチャン・コー会長は、こうした方針について次のように語っている。

「世界中の国や産業界がロシアとベラルーシに科した前例のない制裁措置は、ロシアの現在の意図を混乱させ、無力化し、平和を回復する唯一の平和的な方法であるように思われる。ウクライナでこの1年間に見られた死と破壊は、１８５人もの選手の死を含め、この問題に対する私の決意をより強固なものにしている。ウクライナの選手たちに与えた苦難やウクライナのスポーツシステムの破壊を通じて、我々の主要な国際大会の本来のあり方（integrity）は、ロシアとベラルーシの政府の行動によってすでに大きく損なわれている。その多くが軍関係者であるロシアとベラルーシの選手たちが、こうした（破壊的）行為の受益者となるべきではない」（World Athletics News, 24 March 2023）。

コー会長は、パリ五輪の直前、本年6月末にウクライナを訪問し、ゼレンスキー大統領と会談したが、その際にも、ウクライナの５００以上のスポーツ施設が損傷または破壊され、戦争により４００人以上の選手が死亡したことを非難し、これらの施設の再建と開発に対する財政的支援について、国際機関や各国政府に働きかけることを約束した（World Athletics News, 2 July 2024）。

世界陸連の方針の特徴は、第一に、選手の大会からの排除を経済制裁などと同等の平和回復のための「唯一の平和的な方法」として明確に位置づけていること、第二に、ロシアによる侵略戦争がもたらしたスポーツ界の破壊に焦点を当て、公平性を著しく欠くその被害と利益のあり方を問題化していることである。戦争に立ち向かう平和運動としてのひとつのあり方をここに見て取ることができる。

ロシアの軍事侵略によるウクライナ側の選手やコーチの戦死者は４００名を超えている。これはパリ五輪に参加した日本選手の総人数に匹敵する。21世紀の戦争が生み出したこの悲惨な現実を、平和運動としての五輪の新たな出発点にすべきであろう。アスリートを戦争の犠牲者にしないためには、戦争自体を防ぐか止めるかしかない。そのためにＩＯＣは自らの矛盾や葛藤を乗り越え、戦争に立ち向かう果敢な平和運動へと進化することが求められている。

（一橋大学名誉教授、放送大学客員教授）

【引用文献・資料】

石坂友司（２０１８）『現代オリンピックの発展と危機１９４０―２０２０』人文書院。

Pandey, Vincent, 2023, “The Olympic Truce: Symbolic Gesture or Effective Tool in Preventing and Ending International Conflicts? Preventing and Ending International Conflicts?”, Undergraduate Honors Thesis of University of Denver.

“Q&A regarding the participation of athletes with a Russian or Belarusian passport in international competitions”, 2023, https://olympics.com/athlete365/articles/officialstatement/q-a-regarding-the-participation-of-athletes-with-a-russian-or-belarusian-passport-in-international-competitions-x9288

Recommendations for an IOC Human Rights Strategy, 2020, https://stillmedab.olympic.org/media/Document%20Library/OlympicOrg/News/2020/12/Independent_Expert_Report_IOC_HumanRights.pdf#_ga=2.201927313.1847233244.1606912920-1069217329.1600713902

時評

現地からみたパリ2024オリンピック・パラリンピック

——東京2020大会との比較から——

金子史弥

会場に流れ始めるメロディ。大型ビジョンに映し出される歌詞。そして、声を高らかにして歌う人々。パリ２０２４オリンピック・パラリンピック競技大会（以下、「パリ２０２４大会」。他の大会についても、「開催都市名＋開催年」の形で省略して表す）のいくつかの競技会場では、ＭＣやＤＪ、大型ビジョンによる演出に加えて、競技の開始前や合間、試合のハーフタイムの間にこうした形で「カラオケ」の時間が設けられ、観客はジョー・ダッサンの「オー・シャンゼリゼ」やカーリー・レイ・ジェプセンの「コール・ミー・メイビー」などの名曲を軽やかに、声を合わせて歌った。この「カラオケ」は、オリンピック、パラリンピックの閉会式の際も行われた。

パリ２０２４大会は、コロナ禍による影響で一部の会場を除いて原則無観客で実施された東京２０２０大会、海外からの観客・観光客を受け入れない形で行われた北京２０２２冬季大会とは異なり、全面的に有観客での開催となり、大会期間中、国内外から多くの観光客がパリを訪れた(1)。筆者もそのうちのひとりであり、オリンピック、パラリンピックの開催期間中にあわせて2週間ほどパリに滞在する機会に恵まれた(2)。祝祭ムードに包まれるパリの街を歩き、競技会場で観客の歓声や「カラオケ」での合唱を耳にし、大会の盛り上がりを直接肌で感じる中で筆者が高揚感とともに常に抱いていたのは、パリ２０２４大会に対する「羨望」の念、もしくは「東京２０２０大会とはいったい何だったのか」というある種の「虚しさ」であったように思える。

本稿では、現地での自身の経験をもとに、また、東京２０２０大会の際の筆者の経験とも比較しながら(3)、ひとりのスポーツ社会学者／オリンピック研究者の視点からみたパリ２０２４大会の様相について書き留めることとする(4)。

1．パリ2024大会をめぐるコンテクスト

(1)「オリンピック・アジェンダ2020」の影響

パリ2024大会の様相について具体的に記す前に、パリ2024大会がどのような背景のもとで開催されたのか、確認しておきたい。パリでのオリンピック開催は1900年の第2回大会、1924年の第8回大会に続いて3度目であり、パラリンピックは今回がはじめての開催となった。オリンピック・ムーブメントにおけるパリ2024大会の位置づけを考える上で忘れてはならないのは、2024年夏季大会の招致活動は、国際オリンピック委員会（IOC）が2014年に発表した「オリンピック・アジェンダ2020」（以下、「アジェンダ2020」）に全面的に則って行われたという点である。「アジェンダ2020」はオリンピックに関する中長期的な改革計画を示したものであるが、この中では大会の招致・開催をめぐる「持続可能性」が重要なテーマのひとつとして位置づけられた。そして、具体的な提言においては、「持続可能性」という観点から、大会の開催にあたって既存施設、仮設施設を活用することが推奨されるとともに、開催都市・開催国以外での競技の実施が容認されることとなった。加えて、大会を計画・開催するにあたっては、経済・社会・環境面での「持続可能性」について考慮することが求められるようになった（IOC, 2014: 9-12）(5)。

この「アジェンダ2020」での提言を踏まえて、パリ2024大会の競技施設の整備計画は作成された。表1は、パリ2024大会で実際に使用された競技施設の一覧を示したものである。この表からもわかるとおり、パリ2024大会の競技施設の多くは、①パリ市内、および、②メインスタジアムであるスタッド・ド・フランスや大会に向けて建設された選手村があるセーヌ＝サン＝ドニ県をはじめとしたイル＝ド＝フランス地域圏、にまたがる形で配置されている。また、既存もしくは仮設の施設が積極的に活用され、パリ2024大会のために新たに建設された恒久施設はセーヌ＝サン＝ドニ県内のアクアティクス・センターやパリ市北部のポルト・ド・ラ・シャペル・アリーナなど4施設のみであった(6)。さらに、「アジェンダ2020」で開催都市・開催国以外での競技の実施が認められたことを受けて、サーフィンはフランス領ポリネシアのタヒチ島チョープーで行われた。

表1　パリ2024大会の競技施設一覧

施設名	所在地	既存／仮設／新設	実施競技（オリンピック）	実施競技（パラリンピック）
パリ市内				
パリ市庁舎	パリ4区	仮設	陸上競技（マラソン）	
アンヴァリッド	パリ7区	仮設	アーチェリー、自転車（ロードレース）、陸上競技（マラソン）	パラアーチェリー、パラ陸上競技（マラソン）
シャン・ド・マルス・アリーナ	パリ7区	仮設	柔道、レスリング	視覚障がい者柔道、車いすラグビー
エッフェル塔スタジアム	パリ7区	仮設	バレーボール（ビーチーバレーボール）	ブラインドサッカー
アレクサンドル3世橋	パリ7区、パリ8区	仮設	自転車（ロードレース）、トライアスロン、水泳（マラソンスイミング）	パラトライアスロン
グラン・パレ	パリ8区	既存	テコンドー、フェンシング	パラテコンドー、車いすフェンシング
コンコルド広場	パリ8区	仮設	自転車（BMXフリースタイル）、スケートボード、バスケットボール（3×3）、ブレイキン	開会式
ベルシー・アリーナ	パリ12区	既存	体操（体操競技）、体操（トランポリン）、バスケットボール	車いすバスケットボール
パリ南アリーナ	パリ15区	既存	ウエイトリフティング、卓球、バレーボール、ハンドボール	パラ卓球、ゴールボール、ボッチャ
トロカデロ広場	パリ16区	仮設	開会式、チャンピオンズパーク 自転車（ロードレース）、陸上競技（競歩）	
パルク・デ・プランス	パリ16区	既存	サッカー	
スタッド・ローラン・ギャロス	パリ16区	既存	テニス、ボクシング	車いすテニス
ポルト・ド・ラ・シャペル・アリーナ	パリ18区	新設	体操（新体操）、バドミントン	パラバドミントン、パラパワーリフティング
イル＝ド＝フランス地域圏				
スタッド・ド・フランス	セーヌ＝サン＝ドニ県サン＝ドニ	既存	7人制ラグビー、陸上競技、閉会式	パラ陸上競技、閉会式
アクアティクス・センター	セーヌ＝サン＝ドニ県サン＝ドニ	新設	水泳（アーティスティックスイミング、水球、飛込み）	
パリ北アリーナ	セーヌ＝サン＝ドニ県ヴィルパント	既存	近代五種、ボクシング	シッティングバレーボール
ル・ブルジェ・スポーツクライミング場	セーヌ＝サン＝ドニ県ル＝ブルジェ	新設	スポーツクライミング	
クリシー＝ス・ボワ	セーヌ＝サン＝ドニ県クリシー＝ス＝ボワ	仮設		パラサイクリング（ロードレース）
ラ・クールヌーヴ	セーヌ＝サン＝ドニ県ラ＝クールヌーヴ	仮設		パラ陸上競技（マラソン）
ヴェール・シュル・マルヌ・ノーティカル・スタジアム	セーヌ＝エ＝マルヌ県ヴェール＝シュル＝マルヌ	既存	カヌー（スプリント、スラローム）、ローイング	パラカヌー、パラローイング
スタッド・イヴ・デュ・マノワール	オー＝ド＝セーヌ県コロンブ	既存	ホッケー	
パリ・ラ・デファンス・アリーナ	オー＝ド＝セーヌ県ナンテール	既存	水泳（競泳、水球）	パラ水泳
ヴェルサイユ宮殿	イヴリーヌ県ヴェルサイユ	仮設	近代五種、馬術	パラ馬術
エランクールの丘	イヴリーヌ県サン＝カンタン＝アン＝イヴリーヌ	新設	自転車（マウンテンバイク）	
ゴルフ・ナショナル	イヴリーヌ県サン＝カンタン＝アン＝イヴリーヌ	既存	ゴルフ	
スタッドBMXサン・カンタン・アン・イヴリーヌ	イヴリーヌ県モンティニー＝ル＝ブルトンヌー	既存	自転車（BMXレーシング）	
ヴェロドローム・ド・サン・カンタン・アン・イヴリーヌ	イヴリーヌ県モンティニー＝ル＝ブルトンヌー	既存	自転車（トラック）	パラサイクリング（トラック）
その他の競技会場				
フランス国立射撃場	アンドル県シャトールー	既存	射撃	パラ射撃
マルセイユ・マリーナ	ブーシュ＝デュ＝ローヌ県マルセイユ	既存	セーリング	
スタッド・ピエール・モーロワ	ノール県ヴィルヌーヴ＝ダスク	既存	バスケットボール、ハンドボール	
タヒチ・チョープー	フランス領ポリネシア・タヒチ島チョープー	既存	サーフィン	
サッカー競技会場				
ヌーヴォ・スタッド・ド・ボルドー	ジロンド県ボルドー	既存	サッカー	
スタッド・ジェフロワ・ギシャール	ロワール県サン＝テティエンヌ	既存	サッカー	
パルク・オリンピック・リヨン	ローヌ県デシーヌ	既存	サッカー	
スタッド・ドゥ・ラ・ボージョワール	ロワール＝アトランティック県ナント	既存	サッカー	
スタッド・ヴェロドローム	ブーシュ＝デュ＝ローヌ県マルセイユ	既存	サッカー	
スタッド・ド・ニース	アルプ＝マリティーム県ニース	既存	サッカー	

出典：パリ2024大会公式プログラム、および大会ウェブサイトをもとに筆者作成。

（2）「広く開かれた大会（Games Wide Open）」

コロナ禍の影響で無観客の中、粛々と進められた東京２０２０オリンピック競技大会の閉会式。その閉会式も終盤にさしかかり、小池百合子東京都知事からＩＯＣのトーマス・バッハ会長、そしてアンヌ・イダルゴパリ市長へとオリンピック旗が手渡される「フラッグハンドオーバーセレモニー」が終わると、国立競技場のビジョン（とテレビ・インターネットの中継映像）にはフランス国歌の演奏とともにパリ２０２４大会のＰＲ動画が流れた。ＢＭＸバイクに跨がりパリ市内の名所を疾走する女性、グラン・パレで車いすフェンシングを行う男女、コンコルド広場でブレイキンを踊る若者たち、エッフェル塔、トロカデロ広場に集まったアスリートと群衆、そして晴天のパリの空に飛行機のスモークで鮮やかに描かれる三色旗。東京２０２０大会の閉会式の内容よりも、その映像の「美しさ」や「優雅さ」の方が印象に残っているという人も少なくないだろう。いま思えば、その時から、パリ２０２４大会に対する「羨望」の眼差しは向けられていたのかもしれない。

パリ２０２４大会のスローガンは、「広く開かれた大会」であった。このスローガンのもと、パリ２０２４大会組織委員会はさまざまな取り組みを行っている(7)。本稿の目的との関わりでいえば、先に紹介したＰＲ動画に端的に映し出されていたように、パリ２０２４大会ではエッフェル塔、コンコルド広場、アンヴァリッド（廃兵院）、グラン・パレ、アレクサンドル３世橋、ヴェルサイユ宮殿など、パリ／フランスを象徴する歴史的・文化的建造物を活用する形で競技が実施された。加えて、史上初めて開会式がスタジアムの外（オリンピックはセーヌ川、トロカデロ広場など、パラリンピックはシャンゼリゼ通り、コンコルド広場）で行われた。さらに、トロカデロ広場に設けられた「チャンピオンズパーク」でのメダリストの表彰式の開催、オリンピックと

写真１　パリ市庁舎前に設置されたファン・ゾーンの様子（筆者撮影）

同じコースを実際に走ることができるマラソン大会の実施、大型ビジョンでの観戦や競技体験が楽しめるファン・ゾーンの設置など、多くの人が無料で参加できるさまざまな企画が展開された（写真1参照）[8]。

2. パリ2024大会の様相

ここからは、パリ２０２４大会期間中に現地を訪れてみて、特に印象に残った点を書き記していきたい。

(1) 仮設施設での観戦経験

パリ２０２４大会の競技会場を訪れる中で最も感銘を受けたのは、やはりパリの歴史的・文化的建造物を活用した仮設の競技施設である。筆者が実際に訪れたのは、アンヴァリッド、エッフェル塔、コンコルド広場の３会場であったが、そのいずれもがパリのアイコニックな建造物を望みながら競技を観戦することができるようになっていた（写真２参照）。このような開催都市の景観を取り込む形で競技会場を設置するという試みに関して、建築家の山嵜一也はオリンピック・パラリンピックでの仮設競技施設の活用は、工期短縮、経費削減、持続可能性という理由だけでなく、テレビでの競技中継の背景に都市景観を映し出すことを可能にさせるという点で、開催都市のシティプロモーション戦略と強く結びつけられていると指摘している（山嵜、２０２４：１５８-１６４頁）。

写真２　エッフェル塔前に作られた仮設会場で行われたビーチバレー（写真提供：フォート・キシモト）

ただし、いま一度、現地で観戦する観客の立場から考えてみると、異なる論点が見えてくるように思われる。例えば、オリンピック・パラリンピックのアーチェリー競技会場となったアンヴァリッドは図１のような配置となっていた。アンヴァリッドの北側に広がる遊歩道公園に設置されたこの会場からは、北側にグラン・パレ、西側にエッフェル塔、南側にアンヴァリッドを望むことができた。しかし、テレビ・インターネットの中継映像では(9)、弓を構えた選手越しにアンヴァリッドが映り込むような構図の映像が時々みられたものの、競技中は（当然ではあるが）選手や的をクローズアップした映像が多かった。また、グラン・パレは的に矢が飛んでいく様子をスローで映した際にかろうじて映し出されることがあったが、エッフェル塔は競技の合間に流れる会場全体を空撮した映像に映るのみであった。一方、現地の観客席からはアンヴァリッド、そして遠方にグラン・パレを眺めることはできるものの、競技観戦中はこれらの方向は死角となり、「競技越しに都市景観を見る」という形にはなりにくかった。加えて、東側の観客席からでないと、エッフェル塔を視野に入れることは難しかった。もちろん競技による差があると思われるが、仮設競技施設における中継映像／現地での競技の見え方や観戦経験の違いというのは、今後、興味深い研究対象となるかもしれない。

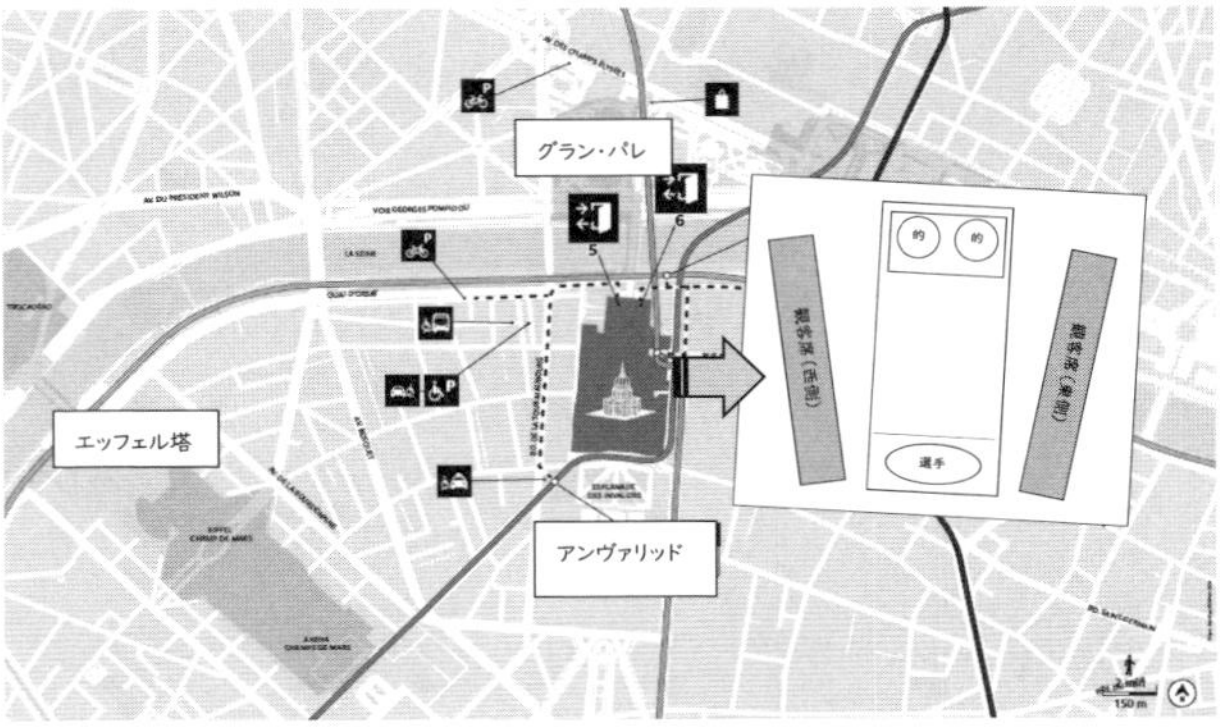

図１　アンヴァリッド（オリンピック・パラリンピックのアーチェリー競技会場）の配置
出典：『Paris 2024 Official Spectator Guide: Archery』、6ページを加工する形で筆者作成。（https://medias.paris2024.org/uploads/2024/07/Paris2024-Spectator-Guide-EN-Archery-INV-OLY.pdf）

（2）観客による応援とナショナリズム

競技会場内の出来事で他に印象に残った点としては、観客の応援が挙げられる。パリ２０２４大会中、ＳＮＳ上では、テレビ・インターネット中継越しに聞こえる地元フランスの選手に対する大歓声や応援に対して、驚きや批判的な意見が寄せられた(10)。ただし、現地では、歓声の大きさやそのスタイルに違いこそあれ、各々の観客が自国の選手を応援する声が常に会場に響いていた。そして、開催国フランスの選手に限らず、過剰とも思える応援が行われていることも少なからずあった。コロナ禍の影響で会場には競技関係者、ボランティア、学校連携観戦の生徒とその関係者しかいなかった東京2020大会とは異なり、パリ2024大会は全面的に有観客で行われ、会場は多くの観客で埋め尽くされていた。この違いが期せずして、競技会場にいる観客の存在やその振る舞いのあり方にスポットライトが当てられることにつながったように思われる。

(3)「ホスピタリティハウス」の存在

一方、競技会場外の経験で印象に残ったこととしては、「ホスピタリティハウス」に関する取り組みと、大会スポンサー（とそうでない）企業による活動が挙げられる。

ホスピタリティハウス（東京2020大会の開催報告書の中では「パートナーハウス」と表記されている）は、各国のオリンピック・パラリンピック委員会、政府機関、大会スポンサー企業、国際競技連盟等が主体となって歴史的建造物や商業施設、公園などのオープンスペースに設置するものである。その目的はさまざまで、自国の文化の発信や観光地のPR（企業の場合は自社の取り組みやブランドのPR）、アスリート・関係者の接遇、アスリートとファン、あるいは観客・観光客同士の交流などが挙げられる。広く一般に公開されている場合もあれば、関係者のみが入場できる招待制を採用している場合もある(11)。

東京2020大会では、オンラインでの5件を含む22件のホスピタリティハウスが実施されたが、コロナ禍の影響で50件以上の計画が中止となった（公益財団法人東京オリンピック・パラリンピック競技大会組織委員会2022：327‐330頁）。実際に筆者も東京2020大会の期間中に、大会スポンサーの株式会社アシックスが神宮前（原宿）に開設した「ASICS EXPERIENCE TOKYO」などを訪れた。その一方で、お台場では、公開が中止となり、関係者がわずかに出入りするだけの大会スポンサー企業のホスピタリティハウスを数多く目にした。

パリ2024大会では、ホスピタリティハウスが「広く開かれた大会」という大会コンセプトを支えるひとつの取り組みとして機能していたように思える。例えば、パリ市のラ・ヴィレット公園は大会期間中、「Parc des Nations」としてゾーニングされ、開催国フランスをはじめ15カ国のホスピタリティハウスが置かれた（写真3参照）。これらには、地元の人々ばかりでなく、世界各国からの観光客も数多く訪れていたように窺えた。特に、フランスオリンピック委員会・パラリンピック委員会が設置した「クラブ・フランス」には、大型ビジョンを備えたパブリック・ビューイングのためのス

写真３　「Parc des Nations」（ラ・ヴィレット公園）の案内図（筆者撮影）
一番大きな面積を占めているのが、「クラブ・フランス」である。

ペース、国内競技団体による競技体験コーナー、主に国内の大会スポンサー企業によるPRブース、フードコートなどが設けられ、筆者が訪れたのは平日だったにもかかわらず、多くの人で賑わっていた（写真４参照）(12)。また、TOPスポンサーのAlibabaとSAMSUNGはシャンゼリゼ通り沿い、グラン・パレの近くにブースを構え、そこではＡＩやＶＲを用いた各社の最新技術を体験できるようになっていた。さらに、コカ・コーラ社はオリンピック期間中、フランス国鉄／パリのメトロのアンヴァリッド駅の一角に「Coca Cola Food Fest Paris」というフードコートを開設していた。

(4)企業によるマーケティング活動

また、オリンピック・パラリンピックの期間を通じて、パリの街は大会スポンサー企業の広告であふれていた。例えば、パリのメトロのフランクラン・Ｄ・ルーズヴェルト駅（コンコルド広場、アレクサンドル３世橋の最寄り駅のひとつ）のプラットホームは全面がTOYOTAの広告でラッピングされていた。加えて、パリ市内の高層ビルなどの壁面に、大会スポンサー企業の野外広告が掲げられているのを目にする機会も多かった。こうした試み自体は東京２０２０大会でもみられ、大会期間中、ＪＲ線の東京駅や東京メトロの各駅のポスター広告やデジタルサイネージ広告は、大会スポンサー企業の広告で埋め尽くされていた。しかし、東京都に４度目の緊急事態宣言が出され、

写真４　「クラブ・フランス」の入場口の様子（筆者撮影）

大会の開催に対する賛否が分かれる中で、こうした広告は人々にどのように受け止められていたのであろうか。

一方で、パリの街を歩いている中で、大会スポンサーではない企業による巨大広告を目にすることも度々あった。例えば、パリ２０２４大会のスポーツウェア関連の大会スポンサーはルコックスポルティフとデカトロンであったが、別のあるスポーツウェアブランドはシャンゼリゼ通りに面した空き店舗やエッフェル塔の最寄り駅のプラットホームに大きな看板広告を出していた。また、話はややそれるが、筆者が暮らす英国ロンドンでもパリ２０２４大会の期間中、同大会に出場するオリンピアン・パラリンピアンを起用したさまざまなスポーツウェアブランドのポスター広告が地下鉄の主要駅で多数みられた。こうした経験からは、ＳＮＳ上での活動の取り締まりを含め、いわゆる「アンブッシュ・マーケティング」への対応の難しさを改めて感じた。

おわりに

パリ２０２４大会はオリンピックは２０２４年8月11日、パラリンピックは9月8日に閉幕を迎えた。オリンピックの閉会式のスピーチでＩＯＣのバッハ会長は、パリ２０２４大会は「オリンピック・アジェンダ改革のもとで真に展開されたはじめての大会」であると言及した上で、同大会は「新たな時代に向けた大会」だったと総括した[13]。確かに、「広く開かれた大会」というスローガンのもとで進められたパリ２０２４大会は、「アジェンダ２０２０」での提言に基づいてパリ／フランスの歴史的・文化的建造物を仮設の競技施設として活用することを試みながら、それだけに留まらず、街全体をひとつの「会場」に見立てるという野心的な取り組みを行ったという点で、オリンピック・パラリンピックの新たなあり方を示した大会であったと評価できる。

また、国内外から多くの観客・観光客が訪れ、それをボランティアが笑顔で迎え入れていたパリの街は、まさしく「祝祭」と呼ぶにふさわしい雰囲気をまとっていた（銃を持った警察官や兵士が警備する、厳戒態勢の中ででではあったが）。世界中から来た人々で賑わう競技会場や各国のホスピタリティハウスは、まさにオリンピズムが目指すコスモポリタニズム的な空間であるように時に感じられた。一方、筆者にとって、パリ２０２４大会は、オリンピックとメディア、ナショナリズムとの関係性や大会の商業化をめぐる問題を再認識する機会に図らずもなった。

とはいえ、パリ２０２４大会が、国

際社会においてはロシアによるウクライナ侵攻が続き、中東地域における緊張が高まる中で、また、国内的には極右勢力の拡大が懸念される状況のもとで行われた点は記憶に留めておく必要があるだろう。加えて、パリ２０２４大会に関しては、選手村が建設されたセーヌ＝サン＝ドニ県におけるジェントリフィケーションの問題も指摘されている(14)。こうした「日常」の中でオリンピック・パラリンピックという「非日常」的な空間が作られていることの意味を、改めて考えることが求められよう。

　最後に、パリ２０２４大会は、東京２０２０大会がコロナ禍の中での開催となった結果、「失ってしまった」もの、あるいは、コロナ禍がなかったとしても（計画性のなさなどによって）「失った」ものを問い直す機会を我々に与えてくれたのではないだろうか。大会の開催から３年という月日が流れたが、東京２０２０大会を開催したことの意義や、大会開催をめぐって生じたさまざまな問題については、問われ続けなければならない。

（立命館大学）

【注】

（１）パリ市観光局がオリンピック閉幕直後の２０２４年８月12日に公表した報告書によると、２０２４年７月23日から８月11日の間に大会に関連してパリ大都市圏（パリ市およびオー＝ド＝セーヌ、セーヌ＝サン＝ドニ、ヴァル＝ド＝マルヌの３県）を訪れた観光客（宿泊を伴う訪問者）は３１０万人と推定され、前年の同時期と比べて19・2％ほど増加したという。そのうち、海外からの観光客はおよそ半数にあたる１７０万人で、アメリカ（23万人）、ドイツ（13万人）、英国（11・5万人）からが多く、日本からの観光客は4・7万人（前年の同時期と比べて94％増）と見込まれている（Paris je t'aime, 2024）。

（２）具体的には、オリンピック開催期間中の２０２４年７月29日から８月４日にかけてパリに滞在し、現地でのフィールド調査を実施した。加えて、パラリンピック開催期間中の９月２日から９月７日の間、ヨーロッパスポーツマネジメント学会第32回大会に参加するために再びパリを訪れ、学会参加の合間に市内を散策した。

（３）東京２０２０大会に関して、筆者はオリンピック開催期間中の２０２１年８月４日から８月６日にかけて東京を訪れ、競技会場や関連施設周辺でフィールド調査を行った。加えて、パラリンピックの開催期間中には大会ボランティアとして５日間活動するとともに、活動の合間にフィールド調査を継続した。

（４）パリ２０２４大会の基本情報については、公式プログラム（L'Equipe, 2024）を参照した。合わせて、大会ウェブサイト（https://olympics.com/en/paris-2024）も参照した（最終閲覧日：２０２４年10月４日）。

（５）ＩＯＣは「アジェンダ２０２０」での提言を具現化すべく、２０１７年に持続可能性およびレガシーに関する戦略を発表している（IOC, 2017a, 2017b）。これらの動向を踏まえて、パリ２０２４大会組織委員会は２０２１年に『レガシーおよび持続可能性に関する計画』（Paris Organising Committee for the 2024 Olympic and Paralympic Games, 2021）を策定している。

（６）ただし、パリ２０２４大会の開催計画で「既存」となっている施設には、パリによる過去の大会招致の動きに関わって建設・改修が進められた施設が含まれている。例えば、カヌー、ローイングの競技会場となったヴェール・シュル・マルヌ・ノーティカル・スタジアムは２００８年／２０１２年夏季大会招致に関わって大規模改修が計画され、結果的に２０１９年に完成した（Schut et al., 2024）。

（7）例えば、ジェンダー平等の観点から大会に参加するアスリートを男女同数にしたり、オリンピック・パラリンピックの大会エンブレムを共通のものにするなどの試みがなされている。

（8）こうした取り組みの他に、従来の大会と同様、パリ２０２４大会でもさまざまな文化プログラムが展開された。例えば、ルーブル美術館では２０２４年４月24日から９月16日の間、特別展「L'Olympisme, une invention moderne, un héritage antique」が開催された。

（9）テレビ・インターネットの中継映像に関しては、オリンピックのウェブサイト（https://olympics.com/en/paris-2024/videos/list/archery）にアップロードされているものを確認した（最終閲覧日：２０２４年10月４日）。

（10）その一例については、「「まるでサッカー」「ブブゼラ思い出す」…鳴り物入りで応援する卓球会場にファン驚く」『読売新聞オンライン』２０２４年８月９日を参照。

（11）ホスピタリティハウスの類型やリオデジャネイロ２０１６大会での具体的な事例については、塚本拓也（２０１７）を参照。

（12）日本オリンピック委員会による「TEAM JAPAN HOUSE」は、エッフェル塔に近い国際交流基金パリ日本文化会館内に設置された。

（13）YouTubeの「Olympics」のチャンネルで公開されているパリ２０２４大会の閉会式の映像（https://www.youtube.com/watch?v=Sl4nBWI5-_s）を参照した（最終閲覧日：２０２４年10月４日）。

（14）「誰のためのオリンピックか　再開発で排除される移民、流入する富裕層」『朝日新聞デジタル』２０２４年６月11日。

【文献】

International Olympic Committee (2014) *Olympic Agenda 2020: 20+20 Recommendations.*

International Olympic Committee (2017a) *IOC Sustainability Strategy.*

International Olympic Committee (2017b) *Legacy Strategic Approach: Moving Forward.*

公益財団法人東京オリンピック・パラリンピック競技大会組織委員会（２０２２）『東京２０２０オリンピック・パラリンピック競技大会公式報告書　第1部』。

L'Equipe (2024) *Paris 2024: The Official Programme.*

Paris je t'aime (2024) *Olympic Games Paris 2024: A Collective and Regional Dynamic.*

Paris Organising Committee for the 2024 Olympic and Paralympic Games (2021) *The Legacy and Sustainability Plan for the Paris 2024 Olympic and Paralympic Games.*

Schut, Pierre-Olaf, Sandie Beaudouin and Marion Philippe (2024) "Paris 2024, a legacy of previous bids?," Marie Delaplace and Pierre-Olaf Schut eds., *Planning the Paris 2024 Olympic and Paralympic Games*, Singapore: Palgrave Macmillan, 9-26.

塚本拓也（２０１７）「オリンピック・パラリンピック期間中に設置されるナショナルハウスの可能性―リオデジャネイロオリンピックの調査から」『現代スポーツ評論』37、１４７‐１５３頁。

山嵜一也（２０２４）「仮設競技会場は、東京という街にふさわしかったのか」石坂友司・小澤考人・金子史弥・山口理恵子編『〈メガイベントの遺産〉の社会学―二〇二〇東京オリンピックは何を生んだのか』、青弓社、１５８‐１７５頁。

スポーツ研究入門

アスリートの動きのコツに迫る

―身体は何を〝物語る〟のか―

浅野友之

はじめに

近年の体育・スポーツ科学分野における研究では、効果的なトレーニング方法や効率的な動作についての研究が盛んに行われており、実際のスポーツ現場でもそれらの知見に基づいた効率のよい練習計画が組まれ、指導が行われている。例えば、筆者が現在までに支援活動を行ってきたハイレベルなスポーツ現場に目を向けてみても、高性能の測定機器やデバイスを活用してあらゆる情報を可視化し、そうした客観的指標に基づいて指導が行われることは至極当然のこととして行われている。特に、時に「根性練」と表現されることもあった「走り込み、投げ込み、打ち込み…」のような、徹底して量をこなすことで身体に覚え込ませるような練習は〝非効率的〟なものとして、言うなれば「時代遅れの練習法」として指導現場からはほとんど姿を消しつつあるようである。

改めて強調するまでもないが、自然科学的な研究やその知見に基づくトレーニングの現場的意義は非常に大きく、そのこと自体を批判的に論じようというのではない。加えて、「時代遅れの練習法」の復権を期するものでもない。筆者の主眼は、競技にコミットするアスリートが、時に自身の生活の全てを競技に捧げてまで厳しいトレーニングを積むことの〝(心理学的な)意味〟について探究することである。「百分の一秒の世界」や「ミリ単位の世界」とも喩えられる極限の世界に生きるアスリートが、さらなる進化を求められるような場面でいわゆる「壁」や「限界」につき当たるというエピソードは枚挙にいとまがない。彼らはアスリートとして競技の世界を生き抜いていくために、今までの技術、競技観、練習方法などを見直し、動きの課題、言わば自分自身の課題と向き合い、独自の技能・わざを確立してパフォーマンスを高めていくのであろう。その苦闘のプロセスには、彼ら自身の生き様ないし〝人間らしさ〟が必然的に現れる。そこには、アスリートのみならず、本来的に我々人間が生きていくことと〝相似型の体験構造〟が内包されており、多くの人々にとって役立つ豊かな情報が秘められているのではないかと感ずるのである。

本稿では、「動きのコツ」という身体知形成に関する研究を領域横断的に概観するとともに、臨床スポーツ心理学の立場から行なった筆者のコツ研究の一部を紹介する。この作業は「アスリートの動きのコツ」という難解な現象を理解するための理論的枠組みや手がかり（視点）を提供すると同時に、主観的体験に着眼した研究テーマに挑戦することの学問的意義を再考することにもつながるであろう。願わくば、運動・スポーツに携わる全ての人々にとって、〝現場〟における現象や対象の理解の促進に寄与することを期待している。

「身体知の発生」という現象

「動きのコツ」の発生という現象は、体育・スポーツ分野においてパフォーマンス向上に寄与する大きな関心事の一つである。しかし、「動きのコツ」は原理的に運動者の自得に委ねられ、人称性・秘密性が高いとされており、たとえ同じ動きや行為であっても（「歩けるコツ」も、人によって無限の拡がりを持つように）通常は個人間で大きな相違のある場合が多い。このような方法論的限界が一つの（かつ大きな）阻害要因となり、自然科学的手法によるアプローチが強い影響力を持つ学術界において、コツのような主観的体験を真正面から取り上げた研究は特定の領域を除いて未だ少ないのが現状である。

このような中、コツが自然科学の対象とはなりえないとして、個人の体験や語りに基づいて質的に研究が行われている代表的な領域にはスポーツ運動学領域が挙げられる。筆者が知る限り、「コツ」に関して本邦で最も体系的に論じている研究者の一人として金子明友を挙げることができる。彼は著書『わざの伝承』（２００２）の中で、子どもが多様な運動形態を身につけていくことについて「それまで何度やっても、なわとびができなかった子どもが、突然『できた』と叫んで小躍りする姿、そのコツを逃すまいと一心不乱に反復する姿、そこにわれわれは、子どもがコツと出会いつつある貴重な体験のまっただなかにいる姿を見出すことができる。ここにこそ、運動感覚的な図式発生という営みが、人間の人格形成に不可欠な本源的な世界体験を提供していることを見逃してはならない」（下線筆者）と述べている。また、佐野（２００３）は、コツと技術の関係に関する運動学的考察の中で、個人的な運動の仕方は「『その個人が苦しい練習を積み重ね、あるいはうたかたの解決に狂喜し、あるいは解決つかぬまま灰色の世界に長大息し、暗中に模索しながらその技術的解決法に挑んでいく』という試行錯誤的な個人的努力の結果、習得された運動の仕方」であると述べている。もちろん、これらのスポーツ運動学領域における研究では、当該運動の専門家（すなわち指導者）が運動者との関わりの中で運動者のコツを引き出すための「原理」や「方法論」を探求することを主たる目的としているため、筆者のような臨床スポーツ心理学的立場における検討課題（例えば、コツの体得による心理的変化など）については深く踏み込んでいない。しかしながら、上記の金子や佐野の主張には、コツを体得することが単にパフォーマンス向上への寄与だけには留まらないという、運動指導を実践する者としての実感が込められているに違いない。

ほかにも、阿江ほか（２００１、２００２、２００３、２００４）による「ジュニア期の効果的指導法の確立に関する基礎的研究」という一連の研究プロジェクトでは、スポーツバイオメカニクス領域、スポーツ運動学領域、現場の指導者、スポーツ心理学領域といった様々な分野の専門家が構成メンバーとなり、多角的な視点から「動きのコツ」という事象について検討した。中でも、4ヵ年にわたる研究期間の2年目から本格的に取り組まれた面接調査では、コツ獲得のきっかけ、コツ獲得までのプロセス、コツを定着させるための取り組み、コツ獲得後の変化といった、コツ獲得における一連のプロセスについて情報収集をはかっている。しかしながら、この研究プロジェクトにおいては「動きのコツ獲得」に関する、他では得難い有益な情報が多数得られてはいるが、コツがどのようなプロセスを経て獲得されるのか、そしてコツ獲得のプロセスに伴ってどのような外的・内的変化が生じるのかといった点について、体系的に検討するまでには至っていない。

これまで述べたように、現象自体の難解さと研究方法論的課題が相まって、「動きのコツ」の体得という事象を直接的に扱った研究は非常に限定的である。しかしながら、「身体知の発生」のような数値的に捉えることが困難な現象にも、それを個人内に生ぜしめる必然性や何らかのパターンが内包されていることが推察される。その必然性やパターンを研究によって読み解くことは、現場の選手及び指導者や支援者（アスリートアントラージュ）にとって、自然科学的な研究による知見と同等に有益な手がかりとなるはずである。このように、臨床スポーツ心理学の立場から「動きのコツ」をテーマとした研究は緒についたばかりであり、その発展が求められる。

「人間の知」の研究を目指して：筆者の研究紹介

哲学者の中村雄二郎（1992）は、著書『臨床の知とは何か』の中で「近代科学によってとらえられた現実とは、基本的には機械的、力学的に選び取られ、整えられたものにすぎないのではなかろうか。もしそうだとすれば、近代科学の〈普遍性〉と〈論理性〉と〈客観性〉という3つの原理はそれぞれ、なにを軽視し、無視しているのだろうか。それらは、なにを排除することによって成立しえたのだろうか」と、人間を対象とした研究における近代科学的方法論の問題点を鋭く指摘している。そして、近代科学によって無視されてきた「現実」を捉えなおす重要な原理として、「コスモロジー（固有世界）」、「シンボリズム（事物の多義性）」、「パフォーマンス（身体性をそなえた行為）」の3つを挙げている。これが中村の述べる「臨床の知」であり、それは「個々の場所や時間のなかで、対象の多義性を十分考慮に入れながら、それとの交流のなかで事象を捉える方法」と言い換えることができる。この考えを踏まえると、コツの体得という現象（現実）を捉えるためには、競技の世界に生きるアスリート個人の体験世界から、コツを獲得するまでに至った様々な意味を考慮しつつ、彼らと関わりながら現象を捉える臨床学的なアプローチを採用する必要性に迫られる。また、このような立場はスポーツ現場での実践につながる（すなわち、〝臨床〟の場面で応用可能である）ことを強く意図しているものでもある。

筆者は、このような立場からコツ研究における定義を概観し、アスリートのコツを「アスリートがある動きを上手く遂行することができるようになるときに、自身の感覚や意識といった主観的なレベルにおいて得られる、その動き方の要（核）となるもの」と定義し、コツの獲得を「アスリートが課題としている動きを上手く遂行するための感覚や意識といった、主観的なレベルにおいて得られる動き方の要となるものを自分自身が体得し、実際の動きにおいても遂行することができるようになること」と定義した。この定義のもと、コツ獲得の前後に焦点を当て、コツ獲得という事象が全体としてどのようなプロセスを経て生じるのかを外的・内的の二側面からモデル化し（浅野・中込、2014）、コツと関連する他領域における「わざ」の熟達過程の分析においても、取り組みや動きの変化と心理面の変化が同期しながら生じていることを見出した（浅野・中込、２０１７）。紙幅の都合上限定的になってはしまうが、その雰囲気を読者にも味わってもらいたく、筆者の調査事例の一部を紹介する。詳しくは浅野・中込（２０１４）も参考にされたい。

【事例Ａ（男性、専門競技：野球）】

Ａは自身のバッティングにおけるコツを「自分の体の感覚、フォームに近いと思うんだけど、ここが崩れると嫌だな、ここがあれば大丈夫だなっていうもの。体幹のところなんだけど、そこにグッていうのができるようになった」と表現し、打撃動作時の体幹の使い方を挙げた。「それが崩れると力がボールに伝わらないから、逆方向にも強く打てない」との語りから、そのコツはＡにとって逆方向にも力強い打球を打つためのものであったことを意味していた。Ａはこのコツをつかんだ後にヒットを量産し、大学野球秋季１部リーグ戦において首位打者のタイトルを獲得することになる。

Ａは大学１年時の秋季リーグ戦に初めて出場した際、大学野球レベルの投手の球を力強く打つには「スイングスピードを速くしないといけない」と痛感したという。高校時代にも高い通算打率を残していたＡは、大学でも「首位打者」を獲得することを強く意識しており、「ヒットを打つ」ことが最大の目標でもあったという。Ａは、逆方向に強い打球を打つという自身の課題に対して「必死に４年間取り組んだ」と振り返り、その課題克服のために競技生活の中で多くのエネルギーを注いでいたようである。

Ａは大学４年時のリーグ戦の試合中に打撃のコツをつかんだという。Ａはこの場面において「全ての要因が結びついた」と語り、これまでバッティングを向上させるために部分的に取り組んできたことが全てつながったと、その時の状況を振り返っている。コツを獲得したＡは「動きが安定」するようになり、その後の試合でも継続してヒットを積み重ねた。そして、「前よりボールをちゃんと見ていなくて、『来るな』って思ってフーっと（バットを）振っていって、ポーンてヒットになっている」と語り、これまで意識していた動きが無意識のうちにできるようになると共に、動きを行う中で余裕が生まれたという。さらには、「（今までは）厳しい球をストライクに取られたら、そっち（難しいボール）に意識がいっていたけど、それで全然自分がブレなくなった」、「それ（体幹の使い方）ができていたら大丈夫だっていう自信はできた」と語り、Ａにとってのコツ獲得は、競技における考え方やパフォーマンスに対する自信にも影響を及ぼすものであった。

こうしたコツ獲得の経験を振り返り、Aは「それがその時の打ち方。これでいこうっていう武器。その時の答え。今ある自分」と語った。Aは大学で「首位打者を獲る」ことを目標に入学してきたことからも、Aがつかんだヒットを打つための高度なコツは、まさしくこの目標を達成するための武器であり、競技の世界で自分を表現するための術でもあったと考えられる。

当然ながら、この事例には他にも幾重もの物語（ストーリー）が潜んでいる可能性があることを承知の上で、筆者の立場から考察を加える。これらのアスリートのコツ獲得事例におけるきっかけとして、何らかの変化が求められている時にコツ獲得が志向されることが明らかとなった。それは個人が体験する〝アスリートとしての危機〟でもあり、〝新たな自分として生まれ変わる〟ことを迫られていたとも捉えられる。このように、コツ獲得に向けた取り組みには内的にも必然性が認められる。そして、「どうしてもそう動けるようになりたい」という強い情念に支えられ、自身の動きや身体感覚と向き合い続けた果てにコツを体得したアスリートは、競技において自在にパフォーマンスを発揮することが可能となった。彼らの身体化されたコツは文字通り「運動形態を実現させてくれる命綱」（金子、２００２）なのであり、そのコツを体得したことで動きが〝できる〟という確信をつかんだとも言い換えられる。これらのことから、競技の世界において自分らしい動きやパフォーマンスを探求し、実現していくという動きのコツの探究プロセスは、スイスの精神医学者ユング（Jung, C, C）が人生の究極の目的として提唱した「個性化の過程」（河合、１９６７）とも一部重なり合うのである。

このように、アスリートにとっての「コツ獲得」は、表層的にはパフォーマンス向上として現れるが、それだけに留まらず、彼らの生涯発達や心理的成熟といった人格形成の側面においても重要な意味を持つ事象である。本稿の冒頭でも述べたように、勝負の世界に生きるアスリートにとっては「パフォーマンスの向上・安定」は最重要視される（と思われる）課題であり、そのために彼らは血の滲むようなトレーニングを行っている。そこでは必然的に、パフォーマンス遂行における課題の分析や、その解決に向けた試行錯誤・工夫がなされているはずである。このことは身体的側面におけるトレーニングであると同時に、〝悩みながらも、主体的に課題を解決していく〟という心理的側面の鍛錬（こころの作業）の機会ともなりうる。したがって、アスリートのコツ獲得事象は外的・内的両側面から捉えていくことによって、より立体的に〝アスリートの体験〟を理解することが可能となり、アスリートの支援（コーチングや心理サポート）において有益な視座を提供することにつながると期待される。

「窓口」としての身体の可能性

ここまで筆者の研究を中心に論を展開してきたが、このようなアプローチの理論的背景についても触れておきたい。この理論的背景を理解しておくことは、主観的体験を研究テーマとして扱う上で不可欠かつ肝要な前提となるため、再度強調して述べることにも意義があるであろう。

筆者は「臨床スポーツ心理学（中込、２０１３）」の立場に準拠している。これを端的に述べると、実践現場で生じる、あるいは研究課題として扱う事象の〝現実〟を捉え直すための臨床学的アプローチのことであり、中村（１９９２）の「臨床の知」と軌を一にするものである。中込・小谷（２０１０）は、臨床スポーツ心理学を体系化していく中で、その方法論を①「方法中心」から「問題中心」へ、②関係性、③個の尊重（事例研究）、④「語れないもの」を語る（身体性）という４つの側面から特徴づけており、中でも「身体」を研究対象とすることの有効性を論じている。中込（２０１２）は、その豊富な臨床経験から「来談のきっかけとなる主訴やその後に継続されるセッションの中で、競技場面と関連する話題を共有することが多い」ことをアスリートのカウンセリングの特徴に挙げ、アスリートが語る競技状況を中心とした「身体」は、彼らの〝存在のあり様〟や〝自己との関わり様〟を物語っていると述べている。そして、相談の中で語られるこのような「身体」に対して、「カウンセラーが積極的な関心を示し、さらにそこでの意味を汲み取る」ように関わることで、治療的深まりと新たな現象理解の道が拓かれることを強調している。つまり、「身体」に馴染みあるアスリートにとっては、それこそが彼らの内面を表現する「窓口」ともなるのである。繰り返しになるが、ここで言う「身体」は自然科学領域を中心に研究対象として「計量化された（客観的観察が可能な）身体」ではなく、「生きてはたらいている身体」（市川、１９９２）、および「その人が主観的に生きている身体」（河合、２００３）のことである。この種の「身体」は、なにも特殊な環境下に置かれた人にのみ体験される訳ではない。その存在が当たり前であるが故に気づいていない（無意識下にある）だけであり、本来我々は誰しもがこのような「身体」を生きながら行為を営んでいるはずなのである。

ここで、筆者の関心に近いところで「動きのコツ」とも関連すると考えられる先人の功績を抜粋して紹介する。近年は他分野においてもこのような「身体知」を探求する研究や実践が行われてきているようである。例えば、認知科学分野では、身体知の学びにことば（意識）が重要な役割を果たすとして、「からだメタ認知」というメソッドが提案されている（諏訪、２０１６）。こうした方法論を下敷きとすることで、「間合い」のような対人間（あるいは対物間）に生じる摩訶不思議と呼びたくなるような現象でさえも、研究の問題圏に捉えることが可能になる（諏訪ほか、２０２０）。また、臨床心理学及び精神医学分野においても「臨床動作法」（成瀬、２０１６）や「Somatic Experiencing」（ピーター・A・ラヴィーン、２０１６）といった「身体（あるいは身体感覚）」に着目した種々の技法が考案され、治療実践の場で効果を挙げている事例が多く紹介されている。筆者の研究も、これら各分野における有益な「身体論」を基底に据えることになるが、その究極の目的はアスリートの「現実適応（パフォーマンス向上）」と「個性化（人格的成長）」の両輪を実現可能な支援アプローチを探求することである。特に、ここ数年はスポーツ現場における「アスリートのメンタルヘルスの問題とその対応」が国際的にも喫緊の課題とされている（International Olympic Committee, 2023）。「動きのコツ」の促発に関する知見が積み重ねられることで、こうしたスポーツ心理学領域特有の課題解決にも貢献する可能性があるであろう。

おわりに

「動きのコツ」やその近接概念である「勘（カン）」といった現象は、日本古来の身体観・思想に根ざしていることもあり、自然科学的アプローチが大勢を占める学術領域にはなかなか馴染まないテーマではある。しかし、近年は欧米諸国においてもヨガや瞑想など、東洋的思想に基づく技法が盛んに生活の中に取り入れられるようになっているという。同様に、海外での武道の急速な普及・発展は目を見張るものがある。本稿では触れられなかったが、もとより、これらの身体感覚や自己の錬磨に関する研究は、東洋のみならず欧州諸国の哲学分野を中心として既に19世紀頃より非常に示唆に富む数々の研究が行われてきた。こうした歴史的な経緯を鑑みると、自然科学的アプローチが隆盛を極め、強力な影響力を持つようになった現代社会において、その揺り戻しとして「人間の身体」への回帰ないし見直し・再考の脈動が生じていることが連想される。管見により極めて限定的な文脈での論考となってしまったが、少々大袈裟な表現を許されるのであれば〝生命ある人間の知〟に関する研究が今後さらに発展し、我々がより良く生きるために役立つ知見が蓄積されていくことを期待したい。

（奈良女子大学）

【文献】

阿江通良ほか（２００１）「ジュニア期の効果的指導法の確立に関する基礎的研究―第１報―」『平成12年度　日本体育協会スポーツ医・科学研究報告』。

阿江通良ほか（２００２）「ジュニア期の効果的指導法の確立に関する基礎的研究―第２報―」『平成13年度　日本体育協会スポーツ医・科学研究報告』。

阿江通良ほか（２００３）「ジュニア期の効果的指導法の確立に関する基礎的研究―第３報―」『平成14年度　日本体育協会スポーツ医・科学研究報告』。

阿江通良ほか（２００４）「ジュニア期の効果的指導法の確立に関する基礎的研究―第４報―」『平成15年度　日本体育協会スポーツ医・科学研究報告』。

浅野友之・中込四郎（２０１４）「アスリートのコツ獲得におけるプロセスモデルの作成」『スポーツ心理学研究』41（1）、35‐50頁。

浅野友之・中込四郎（２０１７）「「能の極意」獲得過程に伴う個性化過程の検討―世阿弥の伝記分析を通して―」『臨床心理身体運動学研究』19、35‐49頁。

市川浩（１９９２）『精神としての身体』、講談社。

International Olympic Committee. IOC Mental Health Action Plan. https://stillmed.olympics.com/media/Documents/NeNe/2023/07/Mental-Health-Action-Plan-2023.pdf,（accessed 2024-09-19）

金子明友（２００２）『わざの伝承』、明和出版。

金子明友（２００９）『スポーツ運動学 身体知の分析論』、明和出版。

河合隼雄（１９６７）『ユング心理学入門』、培風館。

河合隼雄（２００３）『臨床心理学ノート』、金剛出版。

中込四郎・小谷克彦（２０１０）臨床スポーツ心理学の方法とその展開『臨床心理身体運動学研究』12、3‐28頁。

中込四郎（２０１２）アスリートにおける「身体」の持つ意味：『精神療法』第38巻5号、600‐606頁。

中込四郎（２０１３）『臨床スポーツ心理学 アスリートのメンタルサポート』、道和書院。

中村雄二郎（１９９２）『臨床の知とは何か』、岩波書店。

成瀬悟策（２０１６）『臨床動作法 心理療法、動作訓練、教育、健康、スポーツ、高齢者、災害に活かす動作法』、誠信書房。

ピーター・A・ラヴィーン：池島良子ほか訳（２０１６）『身体に閉じ込められたトラウマ ソマティック・エクスペリエンシングによる最新のトラウマ・ケア』、星和書店。

佐野淳（２００３）「コツと技術の関係に関する運動学的考察」『スポーツ運動学研究』16、1‐11頁。

諏訪正樹（２０１６）『「コツ」と「スランプ」の研究 身体知の認知科学』、講談社選書メチエ。

諏訪正樹 編（２０２０）『「間合い」とは何か 二人称的身体論』、春秋社。

執筆者紹介

石坂 友司（イシザカ　ユウジ）

奈良女子大学研究院生活環境科学系教授。専門はスポーツ社会学、歴史社会学。【主な著書】『コロナとオリンピック』人文書院、『現代オリンピックの発展と危機　１９４０―２０２０』人文書院、『〈メガイベントの遺産〉の社会学―二〇二〇東京オリンピックは何を生んだのか』（共編著）青弓社、『未完のオリンピック―変わるスポーツと変わらない社会』（共編著）かもがわ出版、『一九六四年東京オリンピックは何を生んだのか』（共編著）青弓社。

小林 勉（コバヤシ　ツトム）

中央大学大学院総合政策研究科委員長、総合政策学部・教授。信州大学教育学部専任講師、中央大学総合政策学部准教授等を経て、２０１４年より中央大学総合政策学部教授。専門は国際協力論、社会学、スポーツ政策論。【主な著書】『２０２０東京オリンピック・パラリンピックを社会学する―日本のスポーツ文化は変わるのか―』（共著）創文企画、『スポーツで挑む社会貢献』創文企画、『地域活性化のポリティクス』中央大学出版部など。２０１９年、日本計画行政学会・学会賞（論説賞）受賞。２０２０年、中央大学学術研究奨励賞受賞。

常行 泰子（ツネユキ　ヤスコ）

神戸市外国語大学外国語学部准教授。博士（学術）。スポーツ社会学、健康社会学、身体教育学。現在は、アクティブエイジング及びフィットネス・トレーニングに関する教育研究について自治体や公的機関、民間企業等と学際的に取り組み、地域・国際連携を進めている。公益財団法人兵庫県スポーツ協会総合型地域スポーツクラブ育成委員会委員、高知県障害者スポーツ推進プロジェクト実行委員会委員長等を歴任。【主な著書】『教育とヘルシーエイジング―持続可能な社会の実現を目指して―』（共編著）晃洋書房。

植田 俊（ウエタ　シュン）

東海大学国際文化学部准教授。専門はスポーツ社会学、マイノリティ研究。２０１３年、筑波大学大学院人間総合科学研究科単位取得満期退学。２０１４年より東海大学国際文化学部に奉職、現在に至る。論文に、「障害者スポーツにおけるつながりの生成―視覚障害者ランナーと伴走者を事例として―」『スポーツ社会学研究』30（2）、「視覚障害者の『みる』スポーツに関する社会学的研究―エスコンフィールドＨＯＫＫＡＩＤＯにおける観戦実践の事例―」『北海道大学教育学研究院紀要』１４４。

奈良 光晴（ナラ　ミツハル）

公益財団法人日本スポーツ協会スポーツ指導者育成部指導者育成課長（企画担当）。慶応義塾大学法学部政治学科卒、筑波大学人間科学研究科体育科学専攻博士後期課程満期退学。２０００年日本体育協会（当時）入会、２０２４年４月から現職。

小島 大輔（コジマ　ダイスケ）

大阪成蹊大学経営学部准教授。筑波大学大学院生命環境科学研究科退学（単位取得満期）。専門はスポーツの地理学、観光地理学。【主な著書】『スポーツとまちづくりのイノベーション』（共著）創文企画、「ユニバーシアード大会が福岡市の都市政策に与えた影響」『地理科学』78巻（単著）、「ご当地スポーツ」イベントの創出とその存続基盤：新潟県十日町市松代地域「のっとれ！松代城」の事例」『大阪成蹊大学紀要』10号（単著）。

有山 篤利（アリヤマ　アツトシ）

追手門学院大学社会学部教授。京都教育大学卒業。博士（教育学・広島大学）。京都府立高校教諭、京都府教育庁指導部保健体育課指導主事、聖泉大人間学部教授、兵庫教育大学大学院教授を経て現職。専門は体育社会学、体育科教育学、武

執筆者紹介

道学。【主な著書】『スポーツを地域のエンジンにする作戦会議』（共著）晃洋書房、『わざを忘れた日本柔道』大修館書店、『フランス柔道とは何か―教育・学校・スポーツ―』（共著）青弓社。YouTubeチャンネル「ありへーのスポーツカフェ」https://www.youtube.com/channel/UClbTU1s-I0GupPwtih5CCVg

安江　あや香（ヤスエ　アヤカ）

中京大学大学院スポーツ科学研究科実験実習助手。中京大学スポーツ科学部スポーツ教育学科卒業し、同大学大学院博士前期課程修了。スポーツスクール事業を展開する企業にて、子ども向けスクールの指導およびマネジメントを担当。２０２０年から3年間、名古屋市の小学校部活動運営に従事し、現職に至る。

來田　享子（ライタ　キョウコ）

中京大学スポーツ科学部教授。日本体育・スポーツ・健康学会会長、日本スポーツとジェンダー学会会長、日本オリンピック委員会理事、日本陸上競技連盟常務理事、スペシャルオリンピックス日本理事等。【主な著書】『〈ひと〉から問うジェンダーの世界史　第1巻〈ひと〉とは誰か?』（分担執筆）大阪大学出版会、『ジェンダー事典』（編集・分担執筆）丸善出版、「オリンピックと平和構築」『つなぐ世界史3　近現代』（分担執筆）清水書院、『東京オリンピック１９６４の遺産―成功神話と記憶のはざま―』（共編著）青弓社。

坂上　康博（サカウエ　ヤスヒロ）

一橋大学名誉教授、放送大学客員教授。【主な著書】『権力装置としてのスポーツ―帝国日本の国家戦略』講談社、『スポーツと政治』山川出版社、『にっぽん野球の系譜学』青弓社、『昭和天皇とスポーツ』吉川弘文館、『海を渡った柔術と柔道』（編著）青弓社、『12の問いから始めるオリンピック・パラリンピック研究』（編著）かもがわ出版、『幻の東京オリンピックとその時代』（共編著）青弓社、『東京オリンピック１９６４の遺産』（共編著）青弓社、『スポーツの世界史』（共編著）一色出版、『剣道の未来』（共著）左文右武堂。

金子　史弥（カネコ　フミヒロ）

立命館大学産業社会学部准教授、ロンドン大学バークベック校リサーチフェロー。博士（社会学）。専門はスポーツ社会学、スポーツ政策論。主な著書に『〈メガイベントの遺産〉の社会学―二〇二〇東京オリンピックは何を生んだのか』（共編著）青弓社、『スポーツの近現代―その診断と批判』（共著）ナカニシヤ出版、*Sport Participation and Olympic Legacies: A Comparative Study*（共著）Routledge。

浅野　友之（アサノ　トモユキ）

奈良女子大学研究院生活環境科学系助教。博士（体育科学）。専門はスポーツ心理学。日本スポーツ心理学会認定スポーツメンタルトレーニング指導士。前職は国立スポーツ科学センター（心理グループ契約研究員）。研究・教育のかたわら、現在もアスリートを対象とした心理サポートを実践している。第24回冬季オリンピック大会（北京２０２２大会）では、メンタルヘルス支援の専門家Welfare Officerとして日本選手団に帯同し、現地で活動を行った。【主な著書】『メンタルに悩むアスリートに寄り添いケアするための本―競技の緊張、日常の不安・不眠、やる気が出ない、食事面の課題など―』（共著）新興医学出版社。

編集後記

第46号に続き、今号の責任編集を担当しました。「主張」で述べたように、地域スポーツに向けられてきた、行政からの過剰な期待の系譜をまとめるにあたって、地域スポーツ研究の蓄積を改めて読み返しました。１９７０年代のコミュニティ・スポーツ、２０００年代の総合型クラブの創設など、未来を展望する文章が並んでいる中、それらの政策がどのような実を結んだのかについて、総括するものが少ないことに気がつきました。総合型クラブはモデル事業の創設から20年以上が経過し、十分な検証が可能な時期に差し掛かっています。

本号の特集のきっかけになったのは、中学校の部活動を段階的に地域に移行させていく、いわゆる地域移行の問題です。新たな可能性ととらえている研究者やクラブ関係者と出会うこともありますが、困惑している学校関係者や自治体関係者の方が多いのが実状ではないでしょうか。学校との関係性からは本誌の第48号が特集を組んでいます。本号では、地域の側がどのように対応を迫られているのかを、地域スポーツの現在を論じることから見ていきたいと考えました。そのため、地域スポーツを論じるにあたって、執筆者の皆さんには部活動の地域移行との関係性を意識していただきました。

新たな政策が提示されると、それに反応して研究が展開されますが、地道な研究蓄積をよりどころにして、それらを批判的に検証するスタンスがより重要になります。本号の特集がそれを示せていれば幸いです。

現代スポーツ評論 51

2024年11月20日発行

編　者　石坂友司

発行者　鴨門裕明

発行所　創文企画

〒101-0061
東京都千代田区神田三崎町３－10－16　田島ビル2F
TEL：03－6261－2855　FAX：03－6261－2856
［振替］00190－4－412700

印　刷　壮光舎印刷

表紙デザイン　松坂　健（ツー・スリー）

ISBN978－4－86413－198－8　C3075

『現代スポーツ評論』第52号は、2025年5月20日発行予定です。

創文企画のウェブサイトにバックナンバーが掲載されております。ぜひご覧ください。
http://www.soubun-kikaku.co.jp